MINISTÈRE DES FINANCES

DIRECTION GÉNÉRALE DES CONTRIBUTIONS DIRECTES

TAXE ADDITIONNELLE

POUR

FONDS DE GARANTIE

CONTRE LES ACCIDENTS DU TRAVAIL

LÉGISLATION

ET

LISTES DES PROFESSIONS IMPOSABLES.

(OCTOBRE 1906.)

PARIS.

IMPRIMERIE NATIONALE.

1906.

MINISTÈRE DES FINANCES.

DIRECTION GÉNÉRALE DES CONTRIBUTIONS DIRECTES.

TAXE ADDITIONNELLE

POUR

FONDS DE GARANTIE

CONTRE LES ACCIDENTS DU TRAVAIL.

LÉGISLATION

ET

LISTES DES PROFESSIONS IMPOSABLES.

(OCTOBRE 1906.)

PARIS.

IMPRIMERIE NATIONALE.

1906.

NOTA. — La présente brochure, destinée à être emportée en tournée par les inspecteurs et par les contrôleurs, devra être cartonnée dès sa réception, après avoir été inventoriée conformément aux dispositions de la circulaire du 6 mai 1895, n° 872.

I

LÉGISLATION

ET

LISTE DES PROFESSIONS COMMERCIALES.

1.

LOI

*concernant les responsabilités des accidents dont les ouvriers
sont victimes dans leur travail.*

(9 avril 1898.)

TITRE 1er.

Indemnités en cas d'accidents.

ARTICLE PREMIER. — Les accidents survenus par le fait du travail,
ou à l'occasion du travail, aux ouvriers et employés occupés dans
l'industrie du bâtiment, les usines, manufactures, chantiers, les
entreprises de transport par terre et par eau, de chargement et de
déchargement, les magasins publics, mines, minières, carrières et,
en outre, dans toute exploitation ou partie d'exploitation dans laquelle
sont fabriquées ou mises en œuvre des matières explosives, ou dans
laquelle il est fait usage d'une machine mue par une force autre que
celle de l'homme ou des animaux, donnent droit, au profit de la vic-
time ou de ses représentants, à une indemnité à la charge du chef
d'entreprise, à la condition que l'interruption de travail ait duré plus
de quatre jours.

Les ouvriers qui travaillent seuls d'ordinaire ne pourront être assu-
jettis à la présente loi par le fait de la collaboration accidentelle
d'un ou de plusieurs de leurs camarades.

. . . .

TITRE IV.

Garantie.

. . . .

ART. 24. — A défaut, soit par les chefs d'entreprise débiteurs, soit
par les sociétés d'assurances à primes fixes ou mutuelles, ou les syn-
dicats de garantie liant solidairement tous leurs adhérents, de s'ac-
quitter, au moment de leur exigibilité, des indemnités mises à leur
charge à la suite d'accidents ayant entraîné la mort ou une incapacité
permanente de travail, le payement en sera assuré aux intéressés par
les soins de la Caisse nationale des retraites pour la vieillesse, au

moyen d'un fonds spécial de garantie constitué comme il va être dit et dont la gestion sera confiée à ladite caisse.

Art. 25. — Pour la constitution du fonds spécial de garantie, il sera ajouté au principal de la contribution des patentes des industriels visés par l'article 1er, quatre centimes (o fr. o4) additionnels. Il sera perçu sur les mines une taxe de cinq centimes (o fr. o5) par hectare concédé.

Ces taxes pourront, suivant les besoins, être majorées ou réduites par la loi de finances.

. . . .

LOI

relative aux contributions directes et aux taxes y assimilées de l'exercice 1900.

(11 juillet 1899.)

. . . .

Art. 7. — Pour l'application de l'article 25 de la loi du 9 avril 1898, le principal destiné à servir de base au calcul des centimes additionnels est, à l'égard des patentables qui exercent plusieurs professions ne rentrant pas toutes dans la catégorie de celles qui sont visées par l'article 1er de ladite loi, déterminé en considérant ces patentables comme n'exerçant que les professions prévues audit article.

. . . .

LOI

étendant à toutes les exploitations commerciales les dispositions de la loi du 9 avril 1898 sur les accidents du travail.

(12 avril 1906.)

Article premier. — La législation sur les responsabilités des accidents du travail est étendue à toutes les entreprises commerciales.

. . . .

Art. 4. — La taxe prévue par l'article 25 de la loi du 9 avril 1898 continuera à être perçue pour les exploitations assujetties par ladite loi, y compris tous les ateliers.

Elle sera réduite à un centime et demi pour les exploitations exclusivement commerciales, y compris les chantiers de manutention ou de dépôt. La liste desdites exploitations sera arrêtée dans les six mois de la promulgation de la présente loi par décret rendu sur la proposition des ministres du commerce et des finances, après avis du comité consultatif des assurances contre les accidents du travail. Elle sera soumise tous les cinq ans à la sanction législative.

Des décrets rendus dans la même forme pourront modifier le taux de la taxe spécifiée à l'alinéa précédent, dans les limites du maximum prévu à l'article 25 de la loi du 9 avril 1898 ou fixé par la loi de finances ; ils devront être publiés au *Journal officiel* au moins trois mois avant l'ouverture de l'exercice à partir duquel la modification deviendrait applicable.

. . . .

Art. 8. — La présente loi entrera en vigueur trois mois après la promulgation du décret prévu au deuxième alinéa de l'article 4.

———

DÉCRET

arrêtant la liste des exploitations commerciales soumises à la taxe réduite d'un centime et demi, en addition au principal des patentes, pour le fonds de garantie en matière d'accidents du travail.

(27 septembre 1906.)

———

Article premier. — La liste des exploitations visées au deuxième alinéa de l'article 4 de la loi du 12 avril 1906 est arrêtée conformément au tableau annexé au présent décret.

Toutefois restent passibles, dans les conditions actuelles, de la taxe prévue par l'article 25 de la loi du 9 avril 1898 celles des professions inscrites au tableau susvisé qui, indépendamment de la revente commerciale de denrées et marchandises ou de la location d'instruments et objets divers, comportent soit l'emploi de moteurs inanimés ou la mise en œuvre de matières explosives, soit des opérations de fabrication, de confection, de réparation ou de main-d'œuvre.

ART. 2. — Les professions qui, pour l'assiette de la contribution des patentes, se trouvent classées par voie d'assimilation seront assujetties à la taxe additionnelle d'après les règles applicables à celles qui, pour le classement dont il s'agit, ont été prises comme termes de comparaison.

TABLEAU

des professions passibles de la taxe prévue à l'article 4, paragraphe 2
de la loi du 12 avril 1906.

PROFESSIONS (1).	TABLEAU.	CLASSE ou partie de tableau.
A		
Abats (Marchand d') en gros....................	A	4ᵉ
Abattoir public (Adjudicataire, concessionnaire ou fermier des droits à percevoir dans un)...................	C	1ʳᵉ
Abeilles (Marchand d')....................	A	6ᵉ
Accouchement (Chef de maison d')................	A	5ᵉ
Achats (Tenant une maison d')................	A	1ʳᵉ
Affiloirs (Marchand d')....................	A	8ᵉ
Agaric (Marchand d')....................	A	6ᵉ
Agent d'affaires, lorsqu'il occupe plusieurs employés........	A	3ᵉ
Agent d'affaires, lorsqu'il n'occupe pas plus d'un employé....	A	4ᵉ
Agent de change....................	B	//
Agent dramatique....................	A	6ᵉ
Agréeur....................	A	4ᵉ
Aiguilles à coudre et à tricoter (Marchand d') en gros.....	A	1ʳᵉ
Aiguilles à coudre et à tricoter (Marchand d') en demi-gros....................	A	2ᵉ
Aiguilles à coudre et à tricoter (Marchand d') en détail....	A	4ᵉ
Alambic (Loueur d')....................	A	7ᵉ
Alambics ou autres grands vaisseaux en cuivre (Marchand d')....................	A	4ᵉ
Albâtre (Marchand d'objets en).	A	5ᵉ
Alcool, eaux-de-vie, liqueurs ou apéritifs à base d'alcool (Marchand d') en gros ou en demi-gros................	B	//

(1) La liste des professions ci-dessous est extraite de la nomenclature générale des commerces, industries et professions, annexée à la loi du 15 juillet 1880 sur les patentes et aux lois subséquentes. Les colonnes 2 et 3 indiquent, d'une part, le tableau et, d'autre part, la classe (pour le tableau A) ou la partie de tableau (pour le tableau C), dans lesquels les professions figurent à cette nomenclature.

PROFESSIONS.	TABLEAU.	CLASSE ou partie de tableau.
Alcool ou eau-de-vie (Marchand d') en détail.............	A	5ᵉ
Alevin (Marchand d').......................	A	7ᵉ
Allumettes chimiques (Marchand d') en gros.............	A	2ᵉ
Allumettes chimiques (Marchand d') en demi-gros.........	A	4ᵉ
Allumettes chimiques (Marchand d') en détail............	A	6ᵉ
Allumettes ou amadou (Marchand d').................	A	8ᵉ
Almanachs ou annuaires (Éditeur propriétaire d')........	A	5ᵉ
Amidon (Marchand d') en gros.....................	A	3ᵉ
Amidon (Marchand d') en détail...................	A	6ᵉ
Anatomie (Tenant un cabinet d')...................	A	6ᵉ
Ânes (Loueur d').............................	A	7ᵉ
Ânes (Marchand d')...........................	A	6ᵉ
Annonces et avis divers (Entrepreneur d'insertions d')......	A	6ᵉ
Appareils électriques ou à air comprimé pour les appartements (Marchand d')....................	A	5ᵉ
Appareils en fer ou en fonte pour le filtrage ou la clarification des eaux (Fournisseur d')................	A	3ᵉ
Appareils et ustensiles pour l'éclairage au gaz (Marchand d')	A	5ᵉ
Approvisionnements de réserve constitués par les administrations de la Guerre ou de la Marine (Entrepreneur de l'entretien des)........................	C	5ᵉ
Approvisionneur aux halles de Paris................	C	5ᵉ
Approvisionneur de navires.....................	A	2ᵉ
Ardoises (Marchand d') en gros...................	A	3ᵉ
Ardoises (Marchand d') en détail.................	A	6ᵉ
Armes (Marchand d') en gros....................	A	1ʳᵉ
Armurier.................................	A	5ᵉ
Assortisseur, marchand de petits coupons d'étoffes.........	A	6ᵉ
Assurances (Agent d'), ayant un ou plusieurs sous-agents et occupant un ou plusieurs employés..............	A	5ᵉ
Assurances (Agent d'), ayant un ou plusieurs sous-agents ou occupant un ou plusieurs employés..............	A	6ᵉ
Assurances maritimes (Entrepreneur d').............	B	»
Assurances non mutuelles contre l'incendie (Entreprise d').	C	1ʳᵉ
Assurances non mutuelles sur la vie ou contre des risques autres que l'incendie (Entreprise d').............	C	1ʳᵉ

PROFESSIONS.	TABLEAU.	CLASSE ou partie de tableau.
Assurances terrestres (Courtier d'), occupant deux ou plusieurs employés.	A	4ᵉ
Assurances terrestres (Courtier d', occupant un employé.	A	5ᵉ
Attelles pour colliers de bêtes de trait (Marchand d').	A	7ᵉ
Aubergiste ou cabaretier-logeur.	A	5ᵉ

B

PROFESSIONS.	TABLEAU.	CLASSE
Baies de genièvre (Marchand de).	A	6ᵉ
Bains de rivière en pleine eau, bains de mer ou à la lame (Entrepreneur de).	A	6ᵉ
Balais de bouleau, de bruyère ou de grand millet (Marchand de), vendant en gros.	A	4ᵉ
Balais de bouleau, de bruyère ou de grand millet (Marchand de), vendant en demi-gros.	A	6ᵉ
Balais de bouleau, de bruyère ou de grand millet (Marchand de), vendant en détail.	A	8ᵉ
Balances (Loueur de).	A	8ᵉ
Balancier (Marchand).	A	5ᵉ
Balançons (Marchand de).	A	6ᵉ
Baleine (Marchand de brins de).	A	3ᵉ
Bals publics (Entrepreneur de).	A	5ᵉ
Bandagiste.	A	6ᵉ
Banque de France, y compris ses comptoirs.	C	1ʳᵉ
Banquier.	B	//
Bardeaux (Marchand de).	A	6ᵉ
Baromètres (Marchand de).	A	6ᵉ
Barques, bateaux ou canots (Marchand de).	A	5ᵉ
Bas et bonneterie (Marchand de) en gros.	A	1ʳᵉ
Bas et bonneterie (Marchand de) en demi-gros.	A	2ᵉ
Bas et bonneterie (Marchand de) en détail.	A	4ᵉ
Bascule (Maître de).	A	6ᵉ
Bascules automatiques ou autres appareils analogues (Exploitant de).	C	5ᵉ
Bazar d'articles de ménage, de bimbeloterie, etc. (Tenant un), occupant habituellement de six à dix personnes employées aux écritures, aux caisses, à la surveillance, aux achats et aux ventes intérieures ou extérieures.	A	3ᵉ

PROFESSIONS.	TABLEAU.	CLASSE ou partie de tableau.
Bazar d'articles de ménage, de bimbeloterie, etc. (Tenant un), n'occupant pas habituellement plus de cinq personnes employées aux écritures, aux caisses, à la surveillance, aux achats et aux ventes intérieures ou extérieures.	A	6ᵉ
Bazar de voitures (Tenant).	A	3ᵉ
Bestiaux (Marchand expéditeur de).	C	5ᵉ
Beurre frais ou salé (Marchand de) en gros.	A	1ʳᵉ
Beurre frais ou salé (Marchand de) en demi-gros.	A	2ᵉ
Beurre frais ou salé (Marchand de) en détail.	A	6ᵉ
Biberons (Marchand en gros de).	A	3ᵉ
Biberons (Marchand en détail de).	A	6ᵉ
Bière (Entrepositaire ou marchand en gros de).	A	3ᵉ
Bière ou cidre (Marchand de) en détail.	A	6ᵉ
Bijoutier (Marchand) n'ayant point d'atelier.	A	3ᵉ
Bijoux en faux (Marchand de) en détail.	A	5ᵉ
Billard (Maître de).	A	4ᵉ
Billets de théâtre (Marchand de ou tenant une agence pour la vente des).	A	4ᵉ
Bimbeloterie commune (Marchand de) en détail.	A	7ᵉ
Bimbeloterie fine (Marchand de) en détail.	A	5ᵉ
Bimbelotier (Marchand) en gros.	A	1ʳᵉ
Bimbelotier (Marchand) en demi-gros.	A	3ᵉ
Bisette (Marchand de).	A	6ᵉ
Blanc de craie (Marchand de).	A	6ᵉ
Blatier avec bêtes de somme.	A	6ᵉ
Blatier avec voiture.	A	5ᵉ
Blondes (Marchand de) en gros.	A	1ʳᵉ
Blondes (Marchand de) en demi-gros.	A	2ᵉ
Blondes (Marchand de) en détail.	A	4ᵉ
Bluteaux ou blutoirs (Marchand de).	A	6ᵉ
Bœufs (Marchand de).	A	3ᵉ
Bois à brûler (Marchand de) en gros.	A	1ʳᵉ
Bois à brûler (Marchand de) en demi-gros.	A	2ᵉ
Bois à brûler (Marchand de) en détail.	A	6ᵉ
Bois à brûler (Marchand de) au petit détail.	A	8ᵉ

PROFESSIONS.	TABLEAU.	CLASSE ou partie de tableau.
Bois de bateaux (Marchand de)......................	A	5e
Bois d'ébénisterie (Marchand de).....................	A	3e
Bois de boissellerie (Marchand de)...................	A	5e
Bois de marine ou de construction (Marchand de)........	A	1re
Bois de sciage (Marchand de) en gros..................	A	1re
Bois de sciage (Marchand de): celui qui ne vend qu'aux menuisiers, ébénistes, charpentiers et aux particuliers.........	A	3e
Bois de teinture (Marchand de) en demi-gros............	A	2e
Bois de teinture (Marchand de) en détail...............	A	4e
Bois de volige (Marchand de).........................	A	5e
Bois en grume ou de charronnage (Marchand de)........	A	3e
Bois feuillard (Marchand de)........................	A	5e
Bois merrain (Marchand de) en gros, s'il vend par bateau ou charrette...................................	A	1re
Bois merrains (Marchand de) en détail................	A	6e
Bois ou écorces de bois pour tan (Marchand de)..........	A	4e
Boiseries (Marchand de vieilles).....................	A	6e
Boisselier (Marchand) en gros.......................	A	4e
Boisselier (Marchand) en détail.....................	A	6e
Bonbons et confiseries (Revendeur de)................	A	7e
Bottes remontées (Marchand de).....................	A	7e
Bottier ou cordonnier (Marchand): celui qui tient magasin de chaussures.....................................	A	4e
Bottier ou cordonnier, tenant magasin de chaussures communes sans assortiment..............................	A	6e
Boucher à la cheville...............................	A	5e
Bouchons (Marchand de) en gros.....................	A	1re
Bouchons (Marchand de) en demi-gros.................	A	3e
Bouchons (Marchand de) en détail....................	A	6e
Bouclerie (Marchand de)............................	A	5e
Bougies de cire, stéarine, paraffine, etc. (Marchand de)..	A	5e
Bouillon et bœuf cuit (Marchand de).................	A	6e
Bouquetière (Marchande)............................	A	7e
Bouquiniste.......................................	A	7e

PROFESSIONS.	TABLEAU.	CLASSE ou partie de tableau.
Bourre de soie, déchets de soie ou débris de cocons (Marchand de)	A	5°
Bourre ou déchets de tannerie (Marchand de)	A	7°
Bourrelets d'enfants (Marchand de)	A	7°
Bouteilles de verre (Marchand de) en gros	A	2°
Bouteilles de verre (Marchand de) en détail	A	5°
Boutons (Marchand de) en gros	A	2°
Boutons (Marchand de) en demi-gros	A	4°
Boutons (Marchand de) en détail	A	6°
Bretelles ou jarretières (Marchand de)	A	6°
Briques (Marchand de)	A	6°
Briquets phosphoriques et autres (Marchand de)	A	7°
Brocanteur en boutique ou magasin	A	5°
Brocanteur dans les ventes sans boutique ni magasin	A	7°
Brocanteur d'habits en boutique	A	6°
Brocanteur d'habits sans boutique	A	8°
Broderies (Marchand de), vendant en gros	A	3°
Broderies (Marchand de), vendant en demi-gros	A	4°
Broderies (Marchand de), vendant en détail	A	5°
Brossier (Marchand) en gros	A	3°
Brossier (Marchand) en détail	A	6°
Bruyère (Marchand de racines de)	A	6°
Buffet dans l'intérieur d'une gare de chemin de fer (Exploitant un)	C	3°
Buffletier (Marchand)	A	6°
Buis ou racines de buis (Marchand de)	A	6°
Bureau (Marchand de menues fournitures de)	A	6°
Bureau de distribution d'imprimés, de cartes de visite, annonces, etc. (Entrepreneur d'un)	A	5°
Bureau de placement (Tenant un)	A	7°
Bureau d'indication pour la vente ou la location des propriétés, bureau de renseignements divers (Tenant un)	A	5°
Bustes et figures en plâtre ou en terre (Marchand de)	A	6°

PROFESSIONS.	TABLEAU.	CLASSE ou partie de tableau.

C

Cabaretier.	A	6°
Cabaretier ou marchand de bière ou de cidre en détail, ayant billard.	A	5°
Cabas (Marchand de) en gros.	A	4°
Cabinet de figures en cire (Tenant un).	A	7°
Cabinet de lecture (Tenant un) où l'on donne à lire les journaux et les nouveautés littéraires.	A	6°
Cabinet de lecture où l'on donne à lire les journaux seulement (Tenant un).	A	7°
Cabinet particulier de tableaux, d'objets d'histoire naturelle ou d'antiquités (Tenant un).	A	7°
Cabinets d'aisances publics (Tenant).	A	6°
Cachemires de l'Inde (Marchand de).	A	1re
Cadres pour glaces et tableaux (Marchand de).	A	6°
Café-chantant, café-concert, café-spectacle (Exploitant de) à entrée payante, ou à entrée libre avec places et prix distincts.	A	1re
Café-chantant, café-concert, café-spectacle (Exploitant de) à entrée libre, sans places et prix distincts.	A	3°
Café-crémerie ou restaurant-crémerie (Tenant un).	A	6°
Café en grains, moulu, torréfié ou de chicorée (Marchand de) en gros.	A	1re
Café en grains, moulu, torréfié ou de chicorée (Marchand de) en demi-gros.	A	2°
Café en grains, moulu, torréfié ou de chicorée (Marchand de) en détail.	A	6°
Café tout préparé (Débitant de).	A	8°
Cafetier.	A	4°
Cafetières, bouillottes, marabouts (Marchand de).	A	6°
Cages, souricières ou tournettes (Marchand de).	A	8°
Caisse ou comptoir d'avances ou de prêts, de recettes ou de payements (Tenant).	B	"
Caisse ou comptoir de bons ou coupons commerciaux, ou de bons ou coupons d'escompte, d'épargne, de crédit ou de capitalisation (Tenant).	B	"

PROFESSIONS.	TABLEAU.	CLASSE ou partie de tableau.
Caisse ou comptoir pour opérations sur les valeurs (Tenant)..	B	//
Cannes (Marchand de) ayant boutique ou magasin...........	A	6ᵉ
Cantinier dans les prisons, hospices et autres établissements publics..	A	6ᵉ
Caoutchouc, celluloïd, gutta-percha ou autres matières analogues (Marchand d'objets confectionnés ou d'étoffes garnies en).	A	4ᵉ
Caractères mobiles en bois ou en terre cuite (Marchand de)...	A	7ᵉ
Carreaux à carreler (Marchand de).....................	A	6ᵉ
Cartes à jouer (Marchand de).........................	A	6ᵉ
Cartes de géographie (Marchand de)...................	A	6ᵉ
Carton en pâte ou en feuilles (Marchand de)...........	A	6ᵉ
Cartonnage fin (Marchand de)........................	A	5ᵉ
Casino (Exploitant de)...............................	C	1ʳᵉ
Casquettes, toques, bonnets carrés et autres (Marchand de)...	A	6ᵉ
Castine (Marchand de)...............................	A	8ᵉ
Cendres ordinaires (Marchand de)....................	A	7ᵉ
Cercles ou cerceaux (Marchand de)...................	A	6ᵉ
Cercles ou sociétés (Fournisseur des objets de consommation dans les)..	A	5ᵉ
Cercles ou sociétés littéraires (Entrepreneur d'établissements pour les)..	A	4ᵉ
Chaines de fil, laine ou coton préparées pour la fabrication des tissus (Marchand de)...........................	A	6ᵉ
Chaises (Loueur de).................................	C	5ᵉ
Chaises communes (Marchand de)....................	A	8ᵉ
Chaises fines (Marchand de).........................	A	6ᵉ
Châles (Marchand de) en gros........................	A	1ʳᵉ
Châles (Marchand de) en détail.......................	A	3ᵉ
Chalets de nécessité établis sur la voie publique (Concessionnaire ou exploitant de)...........................	B	//
Chandelles (Marchand de) en détail..................	A	6ᵉ
Changeur de monnaies..............................	A	1ʳᵉ

PROFESSIONS.	TABLEAU.	CLASSE ou partie de tableau.
Chapeaux (Marchand de vieux).............................	A	8ᵉ
Chapeaux de feutre, de soie ou de paille (Marchand de) en gros...	A	1ʳᵉ
Chapeaux de feutre, de soie ou de paille (Marchand de) en demi-gros...	A	2ᵉ
Chapeaux de paille (Marchand de) en détail..............	A	5ᵉ
Chapelets (Marchand de).............................	A	7ᵉ
Chapelier en fin....................................	A	5ᵉ
Chapelier en grosse chapellerie.......................	A	6ᵉ
Chapellerie (Marchand de matières premières pour la)......	A	1ʳᵉ
Chapellerie (Marchand de fournitures pour la)...........	A	5ᵉ
Charbon artificiel ou briques combustibles (Marchand de) au petit détail...................................	A	8ᵉ
Charbon de bois (Marchand de) en gros.................	A	1ʳᵉ
Charbon de bois (Marchand de) en demi-gros............	A	5ᵉ
Charbon de bois (Marchand de) en détail...............	A	8ᵉ
Charbon de terre épuré ou non, aggloméré ou non (Marchand de) en gros.................................	A	1ʳᵒ
Charbon de terre épuré ou non, aggloméré ou non (Marchand de) en demi-gros............................	A	2ᵉ
Charbon de terre épuré ou non, aggloméré ou non (Marchand de) en détail...............................	A	5ᵉ
Charbon de terre épuré ou non, aggloméré ou non (Marchand de) au petit détail.........................	A	8ᵉ
Charbonnier voiturier...............................	A	8ᵉ
Charcutier revendeur................................	A	6ᵉ
Chardons pour le cardage (Marchand de) en gros.........	A	3ᵉ
Chasubles ou autres ornements d'église (Marchand de)....	A	4ᵉ
Chaussons de lisière, pantoufles ou sandales (Marchand de) en gros..	A	4ᵉ
Chaussons de lisière et autres ou sandales (Marchand de) en détail.......................................	A	7ᵉ
Chaussures (Marchand de) en gros.....................	A	1ʳᵉ
Chaux (Marchand de)................................	A	6ᵉ
Cheminées dites économiques (Marchand de).............	A	6ᵉ
Chevaux (Courtier de)...............................	A	7ᵉ
Chevaux (Loueur de)................................	A	5ᵉ

PROFESSIONS.	TABLEAU.	CLASSE ou partie de tableau.
Chevaux (Marchand de)................	A	4e
Chevaux (Tenant pension de)............	A	5e
Cheveux (Marchand de) en gros	A	2e
Cheveux (Marchand de) en demi-gros.......	A	3e
Cheveux (Marchand de) en détail.........	A	5e
Chèvres et chevreaux (Marchand de).......	A	7e
Chiens (Marchand de).................	A	6e
Chiffonnier (Marchand) en gros..........	A	1re
Chiffonnier (Marchand) en demi-gros.......	A	5e
Chiffonnier en détail................	A	7e
Chocolat (Marchand de) en gros..........	A	[3e
Chocolat, bonbons ou menue confiserie (Marchand de) en détail....................	A	5e
Cidre (Marchand de) en gros, vendant principalement par pièces, soit aux marchands, soit aux cabaretiers, soit aux consommateurs........................	B	//
Cierges en stéarine (Marchand de)........	A	5e
Cimentier (Marchand): celui qui vend des mastics et ciments qu'il n'a point fabriqués................	A	6e
Cirage ou encaustique (Marchand de).......	A	7e
Cirier (Marchand)...................	A	4e
Cloches de toute dimension (Marchand de)....	A	5e
Cloutier (Marchand) en gros............	A	1re
Cloutier (Marchand) en demi-gros.........	A	2e
Cloutier (Marchand) en détail...........	A	5e
Cochons (Marchand de)................	A	4e
Cocons (Marchand de)................	A	4e
Coiffes de femmes (Marchande de)........	A	7e
Colle de pâte (Marchand de)............	A	7e
Colliers de chiens (Marchand de)..........	A	7e
Cols, collets, cravates ou rabats (Marchand de) en gros...	A	3e
Cols, collets, cravates ou rabats (Marchand de) en détail..	A	6e
Comestibles (Marchand de).............	A	3e
Commis voyageur étranger (s'il est passible de patente).....	//	//
Commissionnaire accrédité près la douane.......	A	6e
Commissionnaire au Mont-de-piété..........	A	4e

PROFESSIONS.	TABLEAU.	CLASSE ou partie de tableau.
Commissionnaire **en marchandises**, lorsqu'il s'entremet seulement pour la vente aux marchands détaillants et aux consommateurs....................................	A	4e
Commissionnaire en marchandises....................	B	//
Commissionnaire pour l'acquit des droits de douane et de fret au départ ou à l'arrivée des navires..............	A	6e
Concerts publics (Entrepreneur de).....................	C	5e
Conserves alimentaires (Marchand de) en gros............	A	1re
Conserves alimentaires (Marchand de) en demi-gros........	A	2e
Conserves alimentaires (Marchand de) en détail..........	A	3e
Convois mortuaires et pompes funèbres (Tenant une agence pour le règlement des)...............................	A	4e
Coquetier avec voiture...............................	A	6e
Coquetier avec bête de somme.......................	A	7e
Coquetier sans voiture ni bête de somme...............	A	8e
Coraux bruts (Marchand de)...........................	A	3e
Cordier (Marchand)...................................	A	6e
Cordier, marchand de câbles et cordages pour la marine ou la navigation intérieure............................	A	4e
Cornes brutes (Marchand de)...........................	A	5e
Corsets (Marchand de), vendant en gros..................	A	3e
Corsets (Marchand de), vendant en demi-gros.............	A	5e
Corsets (Marchand de), vendant en détail	A	6e
Cosmétiques et pommades au petit détail (Marchand de)....	A	7e
Cosmorama (Directeur de).............................	A	6e
Coton cardé ou gommé (Marchand de)...................	A	7e
Coton en laine (Marchand de) en gros....................	A	1re
Coton filé (Marchand de) en gros.......................	A	1re
Coton filé (Marchand de) en demi-gros..................	A	2e
Coton filé (Marchand de) en détail.....................	A	4e
Cotrets sur bateaux (Marchand de)	A	4e
Couleurs, vernis et droguerie à l'usage des peintres (Marchand de) en détail.	A	4e
Couronnes ou ornements funéraires (Marchand de), vendant en gros..	A	2e
Couronnes ou ornements funéraires (Marchand de), vendant en demi-gros...	A	4e

PROFESSIONS.	TABLEAU.	CLASSE ou partie de tableau.
Couronnes ou ornements funéraires (Marchand de), vendant en détail....................................	A	6°
Courses quelconques (Entrepreneur d'établissement pour des).	A	3°
Courtier d'assurances..............................	B	"
Courtier de bestiaux..............................	A	7°
Courtier de fret pour la navigation intérieure, lorsqu'il n'occupe pas plus d'un employé......................	A	2°
Courtier de fret pour la navigation maritime ou intérieure.	B	"
Courtier de marchandises, facteur de denrées et marchandises. (Opérations en gros.).....................	A	3°
Courtier de marchandises, facteur de denrées et marchandises. (Vente aux marchands détaillants et aux consommateurs.)..	A	5°
Courtier de mouture...............................	A	7°
Courtier de navires..............................	B	"
Courtier de produits alimentaires ou agricoles..........	A	6°
Courtier en essences..............................	A	6°
Courtier en grains..............................	A	7°
Courtier en soie..............................	A	6°
Courtier-gourmet-piqueur de boissons................	A	6°
Coutelier (Marchand).............................	A	5°
Coutellerie (Marchand de) en gros....................	A	1re
Coutellerie (Marchand de) en demi-gros................	A	2°
Couverts et autres objets en fer battu ou étamé (Marchand de) en gros..	A	4°
Couverts et autres objets en fer battu ou étamé (Marchand de) en détail.....................................	A	6°
Couvertures de soie, bourre, laine, coton, etc. (Marchand de).	A	4°
Crayons (Marchand de).............................	A	6°
Crémier-glacier..............................	A	5°
Crémier ou laitier..............................	A	7°
Crépins (Marchand de).............................	A	6°
Crics (Marchand de).............................	A	5°
Crin frisé (Marchand de) en gros....................	A	1re
Crin frisé (Marchand de) en demi-gros................	A	2°
Crin frisé (Marchand de) en détail....................	A	4°
Crins plats (Marchand de).........................	A	6°

PROFESSIONS.	TABLEAU.	CLASSE ou partie de tableau.
Cuir bouilli et verni (Marchand d'objets en).............	A	6°
Cuirs en vert étrangers (Marchand de) en gros...........	A	1re
Cuirs en vert du pays (Marchand de) en gros............	A	3°
Cuirs ou pierres à rasoirs (Marchand de)................	A	6°
Cuirs tannés, corroyés, lissés, vernissés (Marchand de) en gros..	A	1re
Cuirs tannés, corroyés, lissés, vernissés (Marchand de) en demi-gros..	A	2°
Cuirs tannés, corroyés, lissés, vernissés (Marchand de) en détail...	A	4°
Cuivre de navire (Marchand de vieux).................	A	6°
Cuivre vieux (Marchand de).........................	A	7°
Curiosité (Marchand d'objets de).....................	A	5°

D

PROFESSIONS.	TABLEAU.	CLASSE ou partie de tableau.
Dalles (Marchand de)...............................	A	6°
Déchets de laine, de coton ou de lin (Marchand de) en gros.	A	1re
Déchets de laine, de coton ou de lin (Marchand de) en demi-gros..	A	5°
Déchets de laine, de coton ou de lin (Marchand de) en détail..	A	7°
Décors et ornements d'architecture (Marchand de).......	A	4°
Dégras (Marchand de), vendant en gros.................	A	3°
Dégras (Marchand de), vendant en détail...............	A	7°
Denrées coloniales (Marchand de) en gros.............	A	1re
Dentelles (Marchand de), vendant en gros.............	A	3°
Dentelles (Marchand de), vendant en demi-gros...........	A	4°
Dentelles (Marchand de), vendant en détail............	A	5°
Dents et râteliers artificiels (Marchand de).............	A	5°
Diamants ou pierres fines (Marchand de)...............	B	"
Diorama, panorama, néorama, géorama (Directeur de)....	A	2°
Dorures pour passementeries (Marchand de)............	A	4°
Drêche ou marc de l'orge qui a servi à faire la bière (Marchand de)...	A	6°
Droguiste (Marchand) en gros.......................	A	1re
Droguiste (Marchand) en demi-gros..................	A	2°
Droguiste (Marchand) en détail.....................	A	3°

PROFESSIONS.	TABLEAU.	CLASSE ou partie de tableau.
E		
Eaux gazeuses, eaux minérales naturelles ou factices, ou limonades gazeuses (Marchand d')....................	A	4ᵉ
Écailles d'ables ou ablettes (Marchand d')..............	A	7ᵉ
Échalas ou bois d'échalas (Marchand d'): celui qui vend par bateau, par wagon, ou par quantités équivalentes ou supérieures..	A	1ʳᵉ
Échalas (Marchand d'): celui qui vend par voiture ou par quantités équivalentes...............................	A	5ᵉ
Échalas (Marchand d') en détail........................	A	7ᵉ
Échelles, fourches, râteaux et râteliers (Marchand d')....	A	7ᵉ
Éclairage à l'huile (Entrepreneur d')...................	C	5ᵉ
Éclairage à l'huile pour le compte des particuliers (Entrepreneur d')..	A	5ᵉ
Écritures (Entrepreneur d')...........................	A	7ᵉ
Électricité (Marchand d'appareils, ustensiles et fournitures pour l'emploi de l'), ayant boutique ou magasin..........	A	4ᵉ
Émeri et rouge à polir (Marchand d')...................	A	8ᵉ
Encre à écrire (Marchand d'), vendant en gros...........	A	3ᵉ
Encre à écrire (Marchand d'), vendant en détail..........	A	6ᵉ
Encriers perfectionnés — siphoïde, pompe, inoxydable, etc. — (Marchand d')...	A	4ᵉ
Engrais ou amendements (Marchand d') en gros...........	A	3ᵉ
Engrais ou amendements (Marchand d') en détail.........	A	6ᵉ
Enjoliveur (Marchand)................................	A	6ᵉ
Épicerie (Marchand d') en gros........................	A	1ʳᵉ
Épicerie (Marchand d') en demi-gros....................	A	2ᵉ
Épicerie (Marchand d') en détail.......................	A	5ᵉ
Épicier regrattier....................................	A	7ᵉ
Épingles (Marchand d') en gros........................	A	1ʳᵉ
Épingles (Marchand d') en demi-gros...................	A	2ᵉ
Éponges (Marchand d') en gros........................	A	3ᵉ
Éponges (Marchand d') en détail.......................	A	5ᵉ
Équipement militaire (Marchand d'objets d').............	A	3ᵉ
Équitation (Fournisseur du personnel et des chevaux nécessaires pour l'enseignement de l')...........................	A	5ᵉ

PROFESSIONS.	TABLEAU.	CLASSE ou partie de tableau.
Escargots (Marchand d') en gros, ayant un parc............	A	6°
Escargots (Marchand d')..........................	A	7°
Escompteur....................................	A	1re
Essences ou eaux parfumées ou médicinales (Marchand d') en gros....................................	A	1re
Essences ou eaux parfumées ou médicinales (Marchand d') en demi-gros..................................	A	2°
Essences ou eaux parfumées ou médicinales (Marchand d') en détail....................................	A	5°
Estaminet (Maître d')...........................	A	4°
Estampes, gravures ou photographies (Marchand d')......	A	6°
Étoupe (Marchand d') pour le calfatage des navires..........	A	8°
Étuis et sacs de papier (Marchand d').................	A	8°

F

Facteur aux marchés aux bestiaux destinés à l'approvisionnement de Paris...........................	B	//
Facteur de fabrique.............................	A	6°
Fagots et bourrées (Marchand de), vendant par voiture.....	A	6°
Fagots et bourrées (Marchand de), vendant au fagot.......	A	8°
Faïence (Marchand de) en gros..................	A	1re
Faïence (Marchand de) en demi-gros....................	A	4°
Faïence (Marchand de) en détail....................	A	6°
Faînes (Marchand de)...........................	A	8°
Fanons ou barbes de baleine (Marchand de) en gros.......	A	1re
Fanons ou barbes de baleine (Marchand de) en demi-gros..	A	2°
Farines (Marchand de) en gros....................	A	1re
Farines (Marchand de) en demi-gros....................	A	4°
Farines (Marchand de) en détail....................	A	6°
Fécules (Marchand de) en gros...................	A	3°
Fécules (Marchand de) en détail...................	A	6°
Fer en barre ou fonte de fer (Marchand de) en gros.......	A	1re
Fer en barre ou fonte de fer (Marchand de) en demi-gros...	A	3°
Fer en barre ou fonte de fer (Marchand de) en détail......	A	4°
Fer vieux (Marchand de) en gros....................	A	4°

PROFESSIONS.	TABLEAU.	CLASSE ou partie de tableau.
Ferrailleur	A	7ᵉ
Ferronnerie (Marchand de) en détail.	A	5ᵉ
Feuilles de blé de Turquie (Marchand de)	A	8ᵉ
Feuilles de cuivre imitant l'or battu (Marchand de)	A	6ᵉ
Feutre (Marchand de) pour la papeterie, le doublage des navires, plateaux vernis, etc	A	6ᵉ
Fil de fer ou de laiton (Marchand de) en gros.	A	1ʳᵉ
Fil de fer ou de laiton (Marchand de) en demi-gros.	A	2ᵉ
Fil de fer ou de laiton (Marchand de) en détail	A	4ᵉ
Filets, gants, mitaines, résilles ou autres ouvrages à mailles (Marchand de), vendant en gros	A	3ᵉ
Filets, gants, mitaines, résilles ou autres ouvrages à mailles (Marchand de), vendant en demi-gros	A	4ᵉ
Filets, gants, mitaines, résilles ou autres ouvrages à mailles (Marchand de), vendant en détail.	A	7ᵉ
Filotier	A	6ᵉ
Fleurets et filoselle (Marchand de) en gros.	A	1ʳᵉ
Fleurets et filoselle (Marchand de) en demi-gros.	A	2ᵉ
Fleurets et filoselle (Marchand de) en détail.	A	4ᵉ
Fleurs artificielles (Marchand de), vendant en gros	A	2ᵉ
Fleurs artificielles (Marchand de), vendant en demi-gros	A	4ᵉ
Fleurs artificielles (Marchand de), vendant en détail	A	5ᵉ
Fleurs artificielles, feuillages, etc. (Marchand de tissus spéciaux apprêtés ou d'étoffes pour).	A	2ᵉ
Fleurs artificielles, feuillages, etc. (Marchand d'apprêts, autres que les tissus spéciaux et les étoffes, pour).	A	6ᵉ
Fleurs d'oranger (Marchand de).	A	6ᵉ
Fleurs naturelles ou plantes d'ornement (Loueur de)	A	8ᵉ
Fleurs naturelles et plantes d'ornement (Marchand de) en gros.	A	4ᵉ
Fleurs naturelles ou plantes d'ornement (Marchand et entrepreneur de la fourniture ou de la location de).	A	4ᵉ
Fleurs naturelles ou plantes d'ornement (Marchand de) en détail.	A	6ᵉ
Fontaines à filtrer (Marchand de).	A	6ᵉ
Fontaines en grès, à sable (Marchand de)	A	7ᵉ

PROFESSIONS.	TABLEAU.	CLASSE ou partie de tableau.
Fontaines publiques (Fermier de)....................	C	5ᵉ
Fonte ouvragée (Marchand de).....................	A	4ᵉ
Fouets, cravaches (Marchand de)...................	A	7ᵉ
Fourneaux potagers (Marchand de).................	A	6ᵉ
Fournisseur de fourrages aux troupes ou dans les dépôts nationaux d'étalons................................	C	2ᵉ
Fournisseur de la paille pour le couchage des troupes...	C	2ᵉ
Fournisseur de vivres ou subsistances, de chauffage, d'éclairage, etc., aux troupes de terre ou de mer, dans les hospices civils ou militaires, ou autres établissements publics..	C	2ᵉ
Fournisseur d'objets concernant le grand et le petit équipement, l'habillement, la remonte, le harnachement, le campement, etc., des troupes de terre et de mer, lorsqu'il n'est pas fabricant de ces objets.................	C	1ʳᵉ
Fournisseur général dans les prisons ou dépôts de mendicité................................	C	5ᵉ
Fourrage (Débitant de) à la botte ou en petite partie, au poids.	A	6ᵉ
Fourrages (Marchand de) par charrette ou voiture..........	A	5ᵉ
Fourrages (Marchand expéditeur de) : celui qui vend par bateau ou par wagon..................................	C	5ᵉ
Fourrures (Marchand de) en gros...................	A	1ʳᵉ
Fourrures (Marchand de) en demi-gros................	A	2ᵉ
Fourrures (Marchand de) en détail...................	A	4ᵉ
Frangier (Marchand)................................	A	5ᵉ
Fretin (Marchand de)................................	A	7ᵉ
Fripier................................	A	6ᵉ
Fromages de pâte grasse (Marchand de), vendant en gros...	A	1ʳᵉ
Fromages de pâte grasse (Marchand de), vendant en demi-gros................................	A	4ᵉ
Fromages de pâte grasse (Marchand de), vendant en détail..	A	6ᵉ
Fromages secs (Marchand de) en gros...................	A	1ʳᵉ
Fromages secs (Marchand de) en demi-gros...............	A	4ᵉ
Fromages secs (Marchand de) en détail.................	A	6ᵉ
Fruitier................................	A	7ᵉ
Fruitier oranger................................	A	6ᵉ
Fruits, légumes frais, champignons et autres comestibles analogues (Marchand expéditeur de)..................	C	5ᵉ

PROFESSIONS.	TABLEAU.	CLASSE ou partie de tableau.
Fruits ou légumes (Marchand de), vendant par panier.......	A	6e
Fruits secs (Marchand de) en gros......................	A	1re
Fruits secs (Marchand de) en demi-gros	A	3e
Fruits secs (Marchand de) en détail....................	A	6e
Fruits secs pour boisson (Marchand de).................	A	6e
G		
Galettes, gaufres, brioches et gâteaux (Marchand de).....	A	7e
Galonnier (Marchand)................................	A	5e
Gants (Marchand de) en gros.........................	A	3e
Gants (Marchand de) en détail.......................	A	5e
Garde-robes inodores (Marchand de)..................	A	6e
Gargotier..	A	7e
Garnitures de parapluies et cannes, telles que bouts, anneaux, crosses, manches, couvertures taillées, montures ou carcasses, etc. (Marchand de)........................	A	5e
Gaules ou perches (Marchand de)....................	A	7e
Glace, eau congelée (Marchand de)..................	A	6e
Glaces (Marchand de) en gros.......................	A	1re
Glaces (Marchand de) en demi-gros..................	A	2e
Glaces (Marchand de) en détail.....................	A	5e
Glacier..	A	5e
Glacier-limonadier.................................	A	3e
Glacières (Maître de)..............................	C	2e
Globes terrestres et célestes (Marchand de)...........	A	6e
Graine de moutarde blanche (Marchand de).............	A	6e
Graine de vers à soie (Marchand de) en gros...........	A	1re
Graine de vers à soie (Marchand de) en demi-gros..........	A	3e
Graine de vers à soie (Marchand de) en détail	A	6e
Graines fourragères, oléagineuses et autres (Marchand de) en gros	A	1re
Graines fourragères, oléagineuses et autres (Marchand de) en demi-gros..................................	A	4e
Graines fourragères, oléagineuses et autres (Marchand de) en détail..	A	7e
Grainetier-fleuriste (Marchand) en gros.................	A	4e

PROFESSIONS.	TABLEAU.	CLASSE ou partie do tableau.
Grainetier-fleuriste en détail.........................	A	6e
Grainier ou grainetier..............................	A	7e
Grains (Marchand de) en gros.......................	A	1re
Grains (Marchand de) en demi-gros..................	A	4e
Grains et graines (Marchand de) en détail...........	A	6e
Gymnase (Maître de)................................	A	5e

H

Halles, marchés ou emplacements sur les places publiques (Adjudicataire, concessionnaire ou fermier des droits de).........	C	5e
Harpes (Marchand de) ayant boutique ou magasin..........	A	3e
Herboriste (Marchand) en gros.......................	A	4e
Herboriste-droguiste................................	A	6e
Herboriste ne vendant que des plantes médicinales fraîches ou sèches........	A	7e
Histoire naturelle (Marchand d'objets d')................	A	6e
Horloger..	A	3e
Horlogerie (Marchand de fournitures d')................	A	4e
Horlogerie (Marchand en gros de pièces d').............	A	1re
Horloges en bois (Marchand d').......................	A	7e
Hôtel (Maître d')...................................	A	3e
Hôtel garni (Maître d', louant à la semaine, à la quinzaine ou au mois.......	A	4e
Houblon (Marchand de) en gros.......................	A	1re
Houblon (Marchand de) en demi-gros..................	A	4e
Housses et autres articles analogues pour les bourreliers et les selliers (Marchand de).......	A	3e
Huiles (Marchand d') en gros........................	A	1re
Huiles (Marchand d') en demi-gros...................	A	2e
Huiles (Marchand d') en détail......................	A	5e
Huîtres (Marchand d'), vendant à des expéditeurs ou à des marchands, faisant des envois sur commande ou expédiant pour son compte........	C	3e

PROFESSIONS.	TABLEAU.	CLASSE ou partie de tableau.
Huîtres (Marchand d') pour la consommation locale, vendant habituellement, par bourriche ou par panier, aux détaillants, aux restaurateurs, aux aubergistes, aux traiteurs, aux cafetiers.	A	5ᵉ
Huîtres (Marchand d') pour la consommation locale.........	A	7ᵉ
Hydromel (Marchand d')...............................	A	3ᵉ

I

PROFESSIONS.	TABLEAU.	CLASSE
Images (Marchand d')...............................	A	6ᵉ
Imprimerie. (Marchand de presses, caractères et ustensiles d')...	A	3ᵉ
Infirmerie d'animaux (Tenant une).....................	A	6ᵉ
Instruments aratoires (Marchand d')...................	A	6ᵉ
Instruments de chirurgie en métal (Marchand d')........	A	5ᵉ
Instruments de musique (Marchand d') : celui qui vend à d'autres marchands ou fait des envois sur commande.......	A	3ᵉ
Instruments de musique à vent, en bois ou en cuivre (Marchand d')...............................	A	5ᵉ
Instruments de musique en cuivre (Marchand de pièces d').	A	6ᵉ
Instruments pour les sciences (Marchand d') ayant boutique ou magasin...............................	A	4ᵉ
Ivoire (Marchand d'objets en)........................	A	5ᵉ

J

PROFESSIONS.	TABLEAU.	CLASSE
Jais ou jaïet (Marchand d'objets en)...................	A	6ᵉ
Jardin public (Tenant un)...........................	A	4ᵉ
Jaugeage, mesurage ou pesage (Adjudicataire, concessionnaire ou fermier des droits de).....................	C	5ᵉ
Jeu de paume (Maître de)............................	A	5ᵉ
Jeux et amusements publics, tels que jeux de quilles ou de mail, manège à chevaux de bois, billard anglais, etc. (Maître de)..............................	A	6ᵉ

PROFESSIONS.	TABLEAU.	CLASSE ou partie de tableau.
Jeux et amusements publics, tels que tirs, arènes, tournants, massacres, loteries, panoramas optiques, photographies, cabinets de curiosités, phénomènes et autres attractions, jeux de force, d'adresse ou de hasard, etc. (Exploitant un établissement forain de)............................	C	5ᵉ
Joaillier (Marchand) n'ayant point d'atelier................	A	3ᵉ

K

Kaolin, pétunzé, manganèse (Marchand de)............	A	6ᵉ

L

Laine brute ou lavée (Marchand de) en gros.............	A	1ʳᵉ
Laine brute ou lavée (Marchand de) en détail............	A	4ᵉ
Laine de bois ou fibre de bois (Marchand de) en gros......	A	3ᵉ
Laine de bois ou fibre de bois (Marchand de) en détail.....	A	8ᵉ
Laine filée ou peignée (Marchand de) en gros............	A	1ʳᵉ
Laine filée ou peignée (Marchand de) en demi-gros.......	A	2ᵉ
Laine filée ou peignée (Marchand de) en détail..........	A	4ᵉ
Lait (Marchand expéditeur de).......................	A	1ʳᵉ
Lait (Marchand de) en gros........................	A	4ᵉ
Lait d'ânesse (Marchand de).......................	A	7ᵉ
Lapidaire en pierres fausses (Marchand)...............	A	5ᵉ
Lattes (Marchand de) en gros......................	A	3ᵉ
Lattes (Marchand de) en détail.....................	A	6ᵉ
Layettes d'enfants (Marchand de)...................	A	7ᵉ
Légumes frais, champignons et autres comestibles analogues (Marchand de) en gros.....................	A	4ᵉ
Légumes secs (Marchand de) en gros.................	A	1ʳᵉ
Légumes secs (Marchand de) en demi-gros.............	A	4ᵉ
Légumes secs (Marchand de) en détail................	A	7ᵉ
Levure ou levain (Marchand de)....................	A	6ᵉ
Libraire-éditeur................................	A	3ᵉ
Libraire non éditeur.............................	A	5ᵉ

PROFESSIONS.	TABLEAU.	CLASSE ou partie de tableau.
Librairie (Agent de)	A	7e
Lie de vin (Marchand de)	A	7e
Liège brut (Marchand de) en gros	A	1re
Liège brut (Marchand de) en détail	A	5e
Liens de paille, d'écorce, etc. (Marchand de)	A	7e
Limailles (Marchand de)	A	8e
Limonadier non glacier	A	4e
Lin ou chanvre brut ou filé (Marchand de) en gros	A	1re
Lin ou chanvre brut ou filé (Marchand de) en demi-gros . . .	A	2e
Lin ou chanvre brut (Marchand de) en détail	A	6e
Lin ou chanvre filé (Marchand de) en détail	A	4e
Linge (Marchand de vieux)	A	7e
Linge de table et de ménage, objets d'ameublement ou de literie (Loueur de)	A	6e
Linger (Fournisseur)	A	2e
Linger (Marchand), vendant en gros	A	2e
Linger (Marchand), vendant en demi-gros	A	4e
Linger (Marchand), vendant en détail	A	6e
Liqueurs (Marchand de) en détail	A	4e
Liqueurs et eaux-de-vie (Débitant de)	A	7e
Literie (Marchand d'articles ou fournitures de) en détail	A	3e
Lithochromies (Marchand de)	A	6e
Lithographies (Marchand de)	A	6e
Lithophanies (Marchand de)	A	6e
Location de baraques et baraquements (Entrepreneur de) . .	A	4e
Logeur	A	7e
Logeur de bestiaux, de chevaux et autres bêtes de somme.	A	7e
Loueur d'abris sur les marchés	A	8e
Loueur d'échafaudages	A	6e
Loueur de livres	A	7e
Loueur de tableaux et dessins . . . . :	A	6e
Lunetier (Marchand)	A	5e
Lustres (Marchand de)	A	4e
Lutherie (Marchand de pièces de)	A	5e

PROFESSIONS.	TABLEAU.	CLASSE ou partie de tableau.
M		
Machines agricoles (Loueur de)	A	7e
Machines agricoles (Marchand de)	A	4e
Machines à coudre, à piquer, à broder, à plisser, à écrire et autres machines analogues (Marchand de) en gros	A	2e
Machines à coudre, à piquer, à broder, à plisser, à écrire et autres machines analogues (Marchand de) en demi-gros	A	3e
Machines à coudre, à piquer, à broder, à plisser, à écrire et autres machines analogues (Marchand de) en détail	A	5e
Machines-outils, grandes machines, matériel industriel ou d'entrepreneur (Marchand de)	A	2e
Machines-outils, grandes machines, matériel industriel ou d'entrepreneur, d'occasion (Marchand de)	A	3e
Magasin de plusieurs espèces de marchandises (Tenant un), lorsqu'il occupe habituellement plus de 10 personnes employées aux écritures, aux caisses, à la surveillance, aux achats et aux ventes intérieures ou extérieures	B	//
Magasin pour la vente en demi-gros ou aux particuliers de vêtements confectionnés (Tenant un), lorsqu'il occupe habituellement plus de 10 personnes employées aux écritures, aux caisses à la surveillance, aux achats et aux ventes intérieures ou extérieures	B	//
Magasin pour la vente en demi-gros ou en détail de quincaillerie, de ferronnerie et d'articles de ménage (Tenant un), lorsqu'il occupe habituellement plus de 10 personnes employées aux écritures, aux caisses, à la surveillance, aux achats et aux ventes intérieures ou extérieures	B	//
Magasin pour la vente en demi-gros ou en détail d'épiceries, liqueurs et conserves (Tenant un), lorsqu'il occupe habituellement plus de 10 personnes employées aux écritures, aux caisses, à la surveillance, aux achats et aux ventes intérieures ou extérieures	B	//
Maillechort et autres compositions métalliques (Marchand en gros d'objets en)	A	4e
Maillechort et autres compositions métalliques (Marchand d'objets en) en détail	A	6e
Maison de séjour pendant les pèlerinages, retraites, etc. (Tenant une)	A	3e
Maison particulière de retraite (Tenant une)	C	3e

PROFESSIONS.	TABLEAU.	CLASSE ou partie de tableau.
Maison particulière de santé (Tenant une)..............	C	3ᵉ
Maître placeur de bestiaux sur les marchés.............	A	7ᵉ
Mandataire aux halles de Paris......................	B	//
Manège d'équitation (Tenant un),....................	A	4ᵉ
Marbre (Marchand de) en gros......................	A	3ᵉ
Marbre factice (Marchand d'objets en).................	A	6ᵉ
Marc d'olives (Marchand de)........................	A	3ᵉ
Marchand forain................................	C	1ʳᵉ
Marchand forain sur bateau........................	C	1ʳᵉ
Mareyeur-expéditeur.............................	C	3ᵉ
Margarine ou autres produits analogues (Marchand de) en gros.	A	1ʳᵉ
Margarine ou autres produits analogues (Marchand de) en demi-gros...................................	A	2ᵉ
Margarine ou autres produits analogues (Marchand de) en détail.	A	6ᵉ
Maroquinerie (Marchand de) en gros..................	A	1ʳᵉ
Maroquinerie (Marchand de) en demi-gros..............	A	2ᵉ
Maroquinerie (Marchand de) en détail.................	A	4ᵉ
Marrons et châtaignes (Marchand de) en gros............	A	5ᵉ
Marrons et châtaignes (Marchand de) en détail...........	A	8ᵉ
Masques (Marchand de)...........................	A	6ᵉ
Matériaux (Marchand de vieux)......................	A	6ᵉ
Matériaux de construction (Marchand de)..............	A	3ᵉ
Matières premières pour la fabrication de la bière (Marchand de) en détail............................	A	6ᵉ
Mèches (Marchand de)............................	A	6ᵉ
Ménagerie foraine (Directeur de)....................	C	5ᵉ
Meneur de nourrices.............................	A	7ᵉ
Mercerie (Marchand de) en gros.....................	A	1ʳᵉ
Mercerie (Marchand de) en demi-gros.................	A	2ᵉ
Mercerie (Marchand de) en détail....................	A	4ᵉ
Mercerie (Marchand de menue)......................	A	6ᵉ
Métaux (Marchand en gros de) autres que l'or, l'argent, le platine, le fer en barre ou la fonte.................	A	1ʳᵉ
Métaux (Marchand en demi-gros de) autres que l'or, l'argent, le platine, le fer en barre ou la fonte..............	A	2ᵉ

PROFESSIONS.	TABLEAU.	CLASSE ou partie de tableau.
Métaux (Marchand en détail de) autres que l'or, l'argent, le platine, le fer en barre ou la fonte......................	A	4e
Meubles (Marchand de...................................	A	5e
Meubles et outils d'occasion (Marchand de).............	A	6e
Meules à aiguiser (Marchand de).......................	A	5e
Meules de moulin (Marchand de).......................	A	5e
Miel et cire brute (Marchand de) en gros................	A	1re
Miel et cire brute (Marchand de) en détail.............	A	4e
Mine de plomb (Marchand de) en gros..................	A	1re
Mine de plomb (Marchand de) en détail................	A	5e
Minerai de fer, d'étain ou de zinc (Marchand de)........	A	5e
Modes (Marchand de).................................	A	3e
Mosaïques (Marchand de).............................	A	6e
Mottes à brûler (Marchand de).......................	A	8e
Moules en bois pour la passementerie (Marchand de)......	A	7e
Moulures (Marchand de) en boutique...................	A	5e
Moutarde (Marchand de) en gros......................	A	4e
Moutarde (Marchand de) en détail.....................	A	7e
Moutons et agneaux (Marchand de)....................	A	4e
Mulets et mules (Marchand de).......................	A	4e
Musique (Marchand de) éditeur.......................	A	3e
Musique (Marchand de) non éditeur...................	A	5e

N

PROFESSIONS.	TABLEAU.	CLASSE ou partie de tableau.
Nacre brute (Marchand de)...........................	A	3e
Nacre de perles (Marchand d'objets en)...............	A	5e
Natation (Tenant une école de)	A	5e
Nécessaires (Marchand de)...........................	A	4e
Négociant..	B	//
Noir de fumée ou noir animal (Marchand de)	A	7e
Nougat (Marchand de) en gros........................	A	4e

PROFESSIONS.	TABLEAU.	CLASSE ou partie de tableau.
Nourrisseur de vaches, de chèvres ou de brebis pour le commerce du lait..............................	A	6°
Nouveautés (Marchand de), n'occupant pas plus de dix personnes employées aux écritures, aux caisses, à la surveillance, aux achats et aux ventes intérieures ou extérieures.............	A	2°

O

PROFESSIONS.	TABLEAU.	CLASSE
Objets en cuivre, plaqué, os, ivoire, ébène, etc., pour la sellerie ou la carrosserie (Marchand d')................	A	5°
Objets ou figures en cire (Exploitant un établissement forain d')...................................	C	5°
Octroi (Adjudicataire, concessionnaire ou fermier des droits d').	C	5°
Œufs, volailles, lapins ou gibier (Marchand expéditeur d'), lorsqu'il occupe plus de 10 ouvriers ou employés..........	C	1re
Œufs, volailles, lapins ou gibier (Marchand expéditeur d'), lorsqu'il n'occupe pas plus de 10 ouvriers ou employés......	C	5°
Œufs, volailles, lapins ou gibier (Marchand d') en gros....	A	4°
Œufs, volailles, lapins ou gibier (Marchand d') en détail...	A	6°
Oiselier..	A	7°
Or, argent ou platine (Marchand d').....................	A	2°
Oranges ou citrons (Marchand d') en gros...............	A	3°
Oranges ou citrons (Marchand d') en boutique et en détail...	A	6°
Orfèvre (Marchand) sans atelier........................	A	3°
Orgues portatives ou harmoniums (Marchand d')........	A	4°
Oribus (Marchand d').................................	A	8°
Os (Marchand d') en gros..............................	A	1re
Osier (Marchand d'), vendant par voiture ou par bateau......	A	5°
Osier (Marchand d'), vendant à la botte ou par petites quantités.	A	8°
Ouate (Marchand d').................................	A	7°
Outils, instruments et harnais à l'usage des ouvriers tisseurs (Marchand d').............................	A	7°
Outres (Marchand d').................................	A	6°

PROFESSIONS.	TABLEAU.	CLASSE ou partie de tableau.
P		
Pacotilleur.....................................	A	3ᵉ
Paille coupée pour chaises (Marchand de)..............	A	7ᵃ
Paille ou mousse teinte (Marchand de)................	A	7ᵃ
Pain (Revendeur de)............................	A	7ᵃ
Pain d'épice (Marchand de), vendant en gros...........	A	4ᵉ
Pain d'épice (Marchand de), vendant en détail et en boutique.	A	6ᵃ
Pains à cacheter et a chanter (Marchand de)..........	A	6ᵉ
Pantoufles (Marchand de) en détail................	A	6ᵉ
Papetier (Marchand) en gros......................	A	1ʳᵉ
Papetier (Marchand) en demi-gros..................	A	2ᵉ
Papetier (Marchand) en détail....................	A	4ᵉ
Papiers de fantaisie, papiers déchiquetés, papier végétal ou héliographique (Marchand de).................	A	6ᵉ
Papiers imprimés et vieux papiers (Marchand de) en gros..	A	3ᵉ
Papiers imprimés et vieux papiers (Marchand de) en demi-gros.....................................	A	6ᵉ
Papiers imprimés et vieux papiers (Marchand de) en détail.	A	8ᵉ
Papiers ou taffetas préparés pour usages médicinaux (Marchand de)..............................	A	5ᵉ
Papiers peints pour tenture (Marchand de)............	A	5ᵉ
Papiers pour emballage et pour sacs (Marchand de) en gros.	A	2ᵃ
Papiers pour emballage et pour sacs (Marchand de) en demi-gros.....................................	A	4ᵉ
Papiers pour emballage et pour sacs (Marchand de) en détail....................................	A	7ᵉ
Paquebots étrangers (Tenant une agence de)...........	B	//
Parapluies (Marchand de), vendant en gros............	A	3ᵉ
Parapluies (Marchand de), vendant en demi-gros.........	A	5ᵉ
Parapluies (Marchand de), vendant en détail..........	A	6ᵉ
Parapluies (Marchand de vieux)....................	A	8ᵃ
Parc aux charrettes (Tenant un)...................	A	5ᵉ
Parfumeur (Marchand) en gros.....................	A	1ʳᵉ
Parfumeur (Marchand) en demi-gros.................	A	2ᵉ
Parfumeur (Marchand) en détail...................	A	5ᵉ
Passementier (Marchand) en gros..................	A	1ʳᵉ

PROFESSIONS.	TABLEAU.	CLASSE ou partie de tableau.
Passementier (Marchand) en demi-gros.	A	2e
Passementier (Marchand) en détail.	A	5e
Pastels (Marchand de) en gros.	A	1re
Pastels (Marchand de) en détail.	A	4e
Pâtes alimentaires (Marchand de) en gros.	A	1re
Pâtes alimentaires (Marchand de) en demi-gros.	A	2e
Pâtes alimentaires (Marchand de) en détail.	A	6e
Pâtisseries, bonbons, glaces, sirops et autres objets de consommation (Tenant un établissement forain pour la vente de).	C	5e
Pavés (Marchand de).	A	5e
Péage sur une route (Adjudicataire, concessionnaire ou fermier des droits de).	C	1re
Peaussier (Marchand) en gros.	A	1re
Peaussier (Marchand) en demi-gros.	A	2e
Peaussier (Marchand) en détail.	A	4e
Peaux de lièvre et de lapin (Marchand de) en boutique.	A	6e
Peaux en vert ou crues (Marchand de).	A	4e
Pêche (Adjudicataire ou fermier de).	C	5e
Peignes (Marchand de) en gros.	A	1re
Peignes (Marchand de) en détail.	A	6e
Peignes de soie (Marchand de).	A	5e
Peignes en cannes ou roseaux pour le tissage (Marchand de).	A	8e
Pelles de bois (Marchand de).	A	8e
Pelleteries (Marchand de) en gros, s'il tire habituellement des pelleteries de l'étranger ou s'il en exporte.	A	1re
Pelleteries (Marchand de) en détail.	A	4e
Pendules, bronzes, montres, chronomètres, objets en métal doré ou argenté (Marchand de) en gros.	A	1re
Pendules, bronzes, montres, chronomètres, objets en métal doré ou argenté (Marchand de) en demi-gros.	A	2e
Pendules, bronzes, montres, chronomètres, objets en métal doré ou argenté (Marchand de) en détail.	A	3e
Pension bourgeoise (Tenant).	A	6e
Pension particulière de vieillards (Tenant).	A	6e
Perles fausses (Marchand de).	A	5e

PROFESSIONS.	TABLEAU.	CLASSE ou partie de tableau.
Pharmacie (Marchand d'accessoires et fournitures pour la)....	A	3ᵉ
Pharmacien vendant en gros.........................	A	1ʳᵉ
Pharmacien vendant en demi-gros.....................	A	2ᵉ
Pharmacien vendant en détail........................	A	3ᵉ
Photographie (Marchand d'appareils, ustensiles et fournitures pour la), ayant boutique ou magasin..................	A	4ᵉ
Pianos (Loueur de).................................	A	5ᵉ
Pianos et clavecins (Marchand en boutique ou magasin de)..	A	3ᵉ
Pierres à brunir (Marchand de).......................	A	6ᵉ
Pierres à feu (Marchand de).........................	A	5ᵉ
Pierres bleues (Marchand de) pour le blanchissage du linge..	A	6ᵉ
Pierres brutes ou taillées (Marchand de)...............	A	6ᵉ
Pierres de touche (Marchand de)......................	A	7ᵉ
Pierres lithographiques (Marchand de).................	A	5ᵉ
Pipes et autres articles de fumeurs (Marchand de) en gros.	A	3ᵉ
Pipes et autres articles de fumeurs (Marchand de) en demi-gros..	A	4ᵉ
Pipes et autres articles de fumeurs (Marchand de) en détail.	A	6ᵉ
Pipes de terre (Marchand de) en détail.................	A	8ᵉ
Piquettes ou vins de marcs de raisins (Marchand de)......	A	3ᵉ
Piquonnier...	A	7ᵉ
Planches (Marchand de) en gros......................	A	1ʳᵉ
Planches (Marchand de) en détail.....................	A	5ᵉ
Plants, arbres ou arbustes (Marchand de)..............	A	6ᵉ
Plaqué ou doublé d'or et d'argent (Marchand d'objets en)..	A	3ᵉ
Plâtre (Marchand de)...............................	A	6ᵉ
Plomb et fonte de chasse (Marchand de)...............	A	6ᵉ
Plumassier (Marchand) ayant boutique ou magasin, vendant en gros...	A	2ᵉ
Plumassier (Marchand) ayant boutique ou magasin, vendant en demi-gros..	A	4ᵉ
Plumassier (Marchand) ayant boutique ou magasin, vendant en détail...	A	5ᵉ
Plume et duvet (Marchand de) en gros.................	A	1ʳᵉ
Plume et duvet (Marchand de) en détail................	A	3ᵉ
Plumeaux (Marchand de).............................	A	7ᵉ

PROFESSIONS.	TABLEAU.	CLASSE ou partie de tableau.
Plumes à écrire — plumes d'oie, de cygne, de corbeau — (Marchand de) en gros..........................	A	3ᵉ
Plumes à écrire — plumes d'oie, de cygne, de corbeau — (Marchand de) en détail..........................	A	6ᵉ
Plumes métalliques (Marchand de) en gros..............	A	3ᵉ
Plumes métalliques (Marchand de) en détail............	A	6ᵉ
Plumes pour la plumasserie (Marchand de), vendant principalement la plume d'autruche........................	A	1ʳᵉ
Plumes pour la plumasserie (Marchand de), vendant principalement les oiseaux étrangers en peau et la plume étrangère autre que la plume d'autruche........................	A	3ᵉ
Plumes pour la plumasserie (Marchand de), vendant principalement les plumes et oiseaux du pays.	A	5ᵉ
Poisson (Marchand de) en détail........................	A	7ᵉ
Poisson frais (Marchand de) en gros...................	A	5ᵉ
Poisson salé, mariné, sec ou fumé (Marchand de) en gros..	A	1ʳᵉ
Poisson salé, mariné, sec ou fumé (Marchand de) en demi-gros..	A	3ᵉ
Pommes de pin et d'autres arbres résineux (Marchand de) en gros..	A	4ᵉ
Pommes de terre (Marchand de) en gros.................	A	4ᵉ
Pommes et autres fruits considérés comme n'étant pas des fruits secs (Marchand de) en gros......................	A	4ᵉ
Pompes de métal (Marchand de).........................	A	5ᵉ
Pont (Concessionnaire ou fermier de péage sur un).........	B	"
Porcelaine (Marchand de) en gros......................	A	1ʳᵉ
Porcelaine (Marchand de) en demi-gros.................	A	2ᵉ
Porcelaine (Marchand de) en détail....................	A	5ᵉ
Portefeuilles ou autres objets de menue maroquinerie (Marchand de)..	A	6ᵉ
Poterie (Marchand de) en gros.........................	A	4ᵉ
Poterie de terre (Marchand de)........................	A	7ᵉ
Poudre d'or, de bronze et autres métaux (Marchand de)...	A	6ᵉ
Présurier..	A	7ᵉ
Produits chimiques (Marchand de) en gros..............	A	1ʳᵉ
Produits chimiques (Marchand de) en demi-gros.........	A	2ᵉ
Produits chimiques (Marchand de) en détail............	A	3ᵉ

PROFESSIONS.	TABLEAU.	CLASSE ou partie de tableau.
Q		
Quincaillerie ou ferronnerie (Marchand de) en gros.	A	1ʳᵉ
Quincaillerie ou ferronnerie (Marchand de) en demi-gros.	A	2ᵉ
Quincaillerie (Marchand de) en détail.	A	4ᵉ
R		
Réassurances (Compagnie, société ou comptoir de).	B	⁄⁄
Receveur de rentes, lorsqu'il occupe plusieurs employés.	A	3ᵉ
Receveur de rentes, lorsqu'il n'occupe pas plus d'un employé.	A	4ᵉ
Reconnaissances du Mont-de-Piété (Marchand de).	A	5ᵉ
Remiseur de charrettes à bras et de hottes.	A	8ᵉ
Représentant de commerce. (Opérations en gros.)	A	3ᵉ
Représentant de commerce. (Vente aux marchands détaillants et aux consommateurs.)	A	5ᵉ
Résines et autres matières analogues (Marchand de) en gros	A	1ʳᵉ
Résines et autres matières analogues (Marchand de) en demi-gros.	A	2ᵉ
Résines et autres matières analogues (Marchand de) en détail.	A	5ᵉ
Restaurateur et traiteur à la carte ou portant en ville.	A	3ᵉ
Restaurateur et traiteur à la carte et à prix fixe.	A	4ᵉ
Restaurateur et traiteur à prix fixe seulement.	A	5ᵉ
Restaurateur sur bateaux à vapeur.	C	5ᵉ
Restaurateur sur wagons.	C	3ᵉ
Revendeur à la toilette.	A	7ᵉ
Rognures de papier (Marchand de).	A	8ᵉ
Rognures de peaux (Marchand de) en gros.	A	1ʳᵉ
Rognures de peaux (Marchand de) en demi-gros	A	5ᵉ
Rognures de peaux (Marchand de) en détail.	A	8ᵉ
Rogue ou œufs de morue (Marchand de) en gros.	A	1ʳᵉ
Rogue ou œufs de morue (Marchand de) en détail	A	5ᵉ
Roseaux (Marchand de).	A	7ᵉ

PROFESSIONS.	TABLEAU.	CLASSE ou partie de tableau.
Roseaux préparés pour le tissage (Marchand de).	A	7ᵉ
Rouettes ou harts pour lier les trains de bois (Marchand de)..	A	7ᵉ
Rouge végétal (Marchand de) en gros.	A	1ʳᵉ
Rouge végétal (Marchand de) en détail.	A	5ᵉ
Rubans pour modes (Marchand de) en gros.	A	1ʳᵉ
Rubans pour modes (Marchand de) en demi-gros.	A	2ᵉ
Rubans pour modes (Marchand de) en détail.	A	4ᵉ

S

PROFESSIONS.	TABLEAU.	CLASSE ou partie de tableau.
Sable (Marchand de).	A	8ᵉ
Sabots (Marchand de) en gros.	A	4ᵉ
Sabots (Marchand de) en détail.	A	8ᵉ
Sabots ou galoches garnis (Marchand en détail de).	A	6ᵉ
Sacs de toile (Marchand de).	A	6ᵉ
Sacs de toile (Loueur de).	A	7ᵉ
Safran (Marchand de) en gros.	A	1ʳᵉ
Safran (Marchand de) en demi-gros.	A	4ᵉ
Sang (Marchand de) pour usages autres que l'engrais des terres.	A	5ᵉ
Sangsues (Marchand de) en gros.	A	1ʳᵉ
Sangsues (Marchand de) en demi-gros.	A	4ᵉ
Sangsues (Marchand de) en détail.	A	7ᵉ
Sarraux ou blouses (Marchand de), vendant en gros	A	3ᵉ
Sarraux ou blouses (Marchand de), vendant en détail.	A	6ᵉ
Savon (Marchand de) en gros.	A	1ʳᵉ
Savon (Marchand de) en demi-gros.	A	2ᵉ
Savon (Marchand de) en détail.	A	5ᵉ
Sciure de bois (Marchand de).	A	8ᵉ
Sel (Marchand de) en gros.	A	1ʳᵉ
Sel (Marchand de) en demi-gros.	A	2ᵉ
Sel (Marchand de) en détail.	A	7ᵉ
Serrurerie (Marchand en gros d'objets de).	A	2ᵉ

PROFESSIONS.	TABLEAU.	CLASSE ou partie de tableau.
Société française ou étrangère opérant à l'étranger et tenant en France, pour son compte, une caisse pour emprunts ou pour payement des intérêts, dividendes, etc.	B	*n*
Sociétés formées par actions pour opérations de banque, de crédit, d'escompte, de dépôts, comptes courants, etc.	C	1re
Socques en bois (Marchand de)	A	7e
Soie (Marchand de) en gros	A	1re
Soie (Marchand de) en demi-gros	A	2e
Soie (Marchand de) en détail	A	3e
Soies de porc ou de sanglier (Marchand de) en gros	A	1re
Soies de porc ou de sanglier (Marchand de) en demi-gros	A	2e
Soies de porc ou de sanglier (Marchand de) en détail	A	5e
Son, recoupe et remoulage (Marchand de)	A	6e
Sonnerie des cloches (Adjudicataire ou fermier de la)	C	5°
Soudes végétales indigènes (Marchand de) en gros	A	3e
Soufflets (Marchand de gros) pour les forgerons, bouchers, etc.	A	5e
Soufflets ordinaires (Marchand de)	A	7°
Soufre (Marchand de) en gros	A	1re
Soufre (Marchand de) en demi-gros	A	2°
Soufre (Marchand de) en détail	A	5e
Souliers (Marchand de vieux)	A	8°
Sparterie (Marchand d'objets en)	A	6°
Sparterie pour modes (Marchand de)	A	5e
Spécialités ou préparations pharmaceutiques (Marchand de), vendant en gros	A	1re
Spécialités ou préparations pharmaceutiques (Marchand de), vendant en demi-gros	A	2e
Spécialités ou préparations pharmaceutiques (Marchand de), vendant en détail	A	3e
Spectacle forain, tel que théâtre, cirque, etc. (Directeur de)	C	5°
Spectacles (Directeur de)	C	5e
Spectacles, bals, concerts et autres réunions semblables (Adjudicataire ou fermier des droits à percevoir au profit des pauvres dans les)	C	5e
Stores (Marchand de)	A	6e

PROFESSIONS.	TABLEAU.	CLASSE ou partie de tableau.
Sucre brut et raffiné (Marchand de) en gros..............	A	1re
Sucre brut et raffiné (Marchand de) en demi-gros..........	A	2^e
Sucre brut et raffiné (Marchand de) en détail.............	A	5^e
Suif en branches (Marchand de).......................	A	4^e
Suif fondu (Marchand de) en gros.....................	A	1re
Suif fondu (Marchand de) en demi-gros.................	A	2^e
Suif fondu (Marchand de) en détail....................	A	4^e
Sumac (Marchand de)...............................	A	6^e

<h2 style="text-align:center">T</h2>

PROFESSIONS.	TABLEAU.	CLASSE ou partie de tableau.
Tabac en feuilles (Marchand de)......................	A	1re
Tabac ou cigares, dans le département de la Corse (Marchand de), vendant en gros.........................	A	1re
Tabac ou cigares, dans le département de la Corse (Marchand de), vendant en demi-gros.....................	A	3^e
Tabac ou cigares, dans le département de la Corse (Marchand de), vendant en détail......................	A	6^e
Tabac ou cigares étrangers (Marchand de), vendant en gros.	A	1re
Tabac ou cigares étrangers (Marchand de), vendant en demi-gros...	A	3^e
Tabac ou cigares étrangers (Marchand de), vendant en détail..	A	6^e
Table d'hôte (Tenant une)............................	A	6^e
Tableaux, aquarelles, dessins (Marchand de).............	A	5^e
Tabletier (Marchand)................................	A	6^e
Tabletterie (Marchand de) en gros	A	2^e
Tabletterie (Marchand de matières premières pour la).......	A	3^e
Taffetas gommés ou cirés (Marchand de)................	A	5^e
Tamisier (Marchand).................................	A	6^e
Tan (Marchand de)...................................	A	6^e
Tapis de laine et tapisseries (Marchand de).............	A	3^e
Tapis peints ou vernis (Marchand de) en gros............	A	1re
Tapis peints ou vernis (Marchand de) en demi-gros........	A	2^e
Tapis peints ou vernis (Marchand de) en détail...........	A	5^e

PROFESSIONS.	TABLEAU.	CLASSE ou partie de tableau.
Taureaux pour les courses (Loueur de)................	A	5e
Teinture (Marchand en gros de matières premières pour la)...	A	1re
Thé (Marchand de) en gros.........................	A	1re
Thé (Marchand de) en demi-gros.....................	A	2e
Thé (Marchand de) en détail........................	A	4e
Tiges, empeignes ou brides de chaussures (Marchand de) ayant magasin de vente........................	A	4e
Timbres-poste pour collections (Marchand de)...........	A	6e
Tir au pistolet (Maître de).........................	A	5e
Tissage des laines au compte des particuliers (Intermédiaire auprès du fabricant pour le)...................	A	6e
Tissus de laine, de fil, de coton, de soie ou de crin (Marchand de) en gros............................	A	1re
Tissus de laine, de fil, de coton, de soie ou de crin (Marchand de) en demi-gros.......................	A	2e
Tissus de laine, de fil, de coton, de soie ou de crin (Marchand de) en détail.........................	A	3e
Tissus grossiers et communs (Marchand de) sans assortiment.	A	6e
Toiles cirées ou vernies (Marchand de) en gros..........	A	1re
Toiles cirées ou vernies (Marchand de) en demi-gros......	A	2e
Toiles cirées ou vernies (Marchand de) en détail.........	A	5e
Tôle vernie (Marchand d'ouvrages en)..................	A	5e
Tonneaux (Marchand de)............................	A	6e
Tonneaux (Marchand de vieux) en gros.................	A	4e
Tonneaux (Marchand de vieux) en détail................	A	7e
Tonneaux, barriques, etc. (Marchand de) pour expéditions maritimes ou commerciales.......................	A	4e
Tonneaux pour le transport des vins (Loueur de).........	B	//
Tontine (Société de)..............................	C	1re
Tour (Marchand en gros d'objets faits au)..............	A	3e
Tour (Marchand en détail d'objets en bois faits au).......	A	7e
Tourbe (Marchand de) en gros.......................	A	4e
Tourbe (Marchand de) en détail......................	A	8e
Tours et autres ouvrages pour la coiffure, en cheveux, soie, etc. (Marchand de)..............................	A	6e
Tourteaux (Marchand de) en gros.....................	A	3e

PROFESSIONS.	TABLEAU.	CLASSE ou partie de tableau.
Tourteaux (Marchand de) en détail......................	A	6e
Tricots à l'aiguille (Marchand de).....................	A	5e
Troupes de passage (Entrepreneur du logement des)........	A	6e
Truffes (Marchand de) en gros.........................	A	3e
Truffes (Marchand de) en demi-gros....................	A	4e
Truffes (Marchand de) en détail......................	A	6e
Tuiles (Marchand de)................................	A	6e
Tulles (Marchand de) en détail......................	A	4e
Tuyaux en terre cuite pour le drainage ou la conduite des eaux (Marchand de)................................	A	6e

U

PROFESSIONS.	TABLEAU.	CLASSE ou partie de tableau.
Ustensiles de chasse ou de pêche (Marchand d') en gros...	A	1re
Ustensiles de chasse ou de pêche (Marchand d') en détail...	A	5e
Ustensiles de ménage (Marchand de vieux)...............	A	7e

V

PROFESSIONS.	TABLEAU.	CLASSE ou partie de tableau.
Vaches ou veaux (Marchand de)........................	A	4e
Vaisselle ou ustensiles de bois (Marchand de)...........	A	7e
Vannerie (Marchand de) en gros.......................	A	1re
Vannerie (Marchand de) en demi-gros...................	A	4e
Vannerie (Marchand de) en détail....................	A	6e
Varech (Marchand de) en gros........................	A	3e
Varech (Marchand de) en détail......................	A	8e
Veilleuses (Marchand de)............................	A	8e
Vélocipèdes (Loueur de).............................	A	6e
Vélocipèdes (Marchand de) en gros....................	A	2e
Vélocipèdes (Marchand de), vendant aux particuliers........	A	4e
Vélocipèdes (Marchand d'accessoires de)................	A	-6e
Vélocipèdes (Remiseur de)...........................	A	7e
Verrerie et cristaux (Marchand de) en gros..............	A	1re
Verrerie et cristaux (Marchand de) en demi gros..........	A	2e

PROFESSIONS.	TABLEAU.	CLASSE ou partie de tableau.
Verrerie et cristaux (Marchand de) en détail..............	A	5e
Verres à vitres (Marchand de) en gros.................	A	1re
Verres à vitres (Marchand de) en demi-gros............	A	3e
Verres à vitres (Marchand de) en détail................	A	6e
Verres bombés (Marchand de)........................	A	6e
Verroterie et gobeleterie (Marchand de) en demi-gros......	A	2e
Verroterie et gobeleterie (Marchand de) en détail........	A	6e
Vêtements confectionnés (Marchand de), vendant en gros...	A	2e
Vêtements confectionnés (Marchand de), vendant en demi-gros, lorsqu'il n'occupe pas habituellement plus de dix personnes employées aux écritures, aux caisses, à la surveillance, aux achats et aux ventes intérieures ou extérieures...........	A	3e
Vêtements confectionnés (Marchand de), vendant aux particuliers, lorsqu'il n'occupe pas habituellement plus de dix personnes employées aux écritures, aux caisses, à la surveillance, aux achats et aux ventes intérieures ou extérieures..........	A	5e
Viandes (Marchand expéditeur de).....................	C	5e
Viandes salées, fumées ou desséchées (Marchand de) en gros..	A	1re
Viandes salées, fumées ou desséchées (Marchand de) en demi-gros...	A	3e
Viandes salées, fumées ou desséchées (Marchand de) en détail..	A	4e
Vignettes et caractères à jour (Marchand en boutique de)..	A	6e
Vinaigre (Marchand de) en gros......................	A	1re
Vinaigre (Marchand de) en demi-gros.................	A	3e
Vinaigre (Marchand de) en détail.....................	A	5e
Vin (Marchand de) en détail, donnant à boire chez lui et tenant billard...	A	5e
Vin (Marchand de) en détail, donnant à boire chez lui et ne tenant pas de billard	A	6e
Vin, bière, cidre (Débitant au petit détail de)............	A	7e
Vins (Marchand de) en détail, vendant habituellement, pour être consommés hors de chez lui, des vins au panier ou à la bouteille..	A	4e
Vins (Marchand de) en gros, vendant principalement des vins par pièces ou paniers de vins fins, soit aux marchands, soit aux cabaretiers, soit aux consommateurs................	B	//

PROFESSIONS.	TABLEAU.	CLASSE ou partie de tableau.
Vins (Marchand de) vendant au moyen de wagons-réservoirs...	C	1re
Voitures à bras pour enfants ou pour malades (Marchand de).	A	5^e
Voitures de remise (Maître de station de)...............	A	7^e
Volailles truffées (Marchand de)....................	A	4^e

Z

Zinc doré, bronzé ou galvanisé (Marchand d'objets en)....	A	5^e

II

LISTE

DES PROFESSIONS INDUSTRIELLES.

———

TABLEAU

des professions passibles de la taxe prévue à l'arltice 25 de la loi du 9 avril 1898.

PROFESSIONS.	TABLEAU.	CLASSE ou partie de tableau.
A		
Abatage des animaux dans les abattoirs (Entrepreneur de l').	A	6ᵉ
Accordeur de pianos, harpes et autres instruments.	A	7ᵉ
Accoutreur.	A	8ᵉ
Acheveur en métaux.	A	7ᵉ
Acier poli (Fabricant d'objets en) pour son compte	A	5ᵉ
Acier poli (Fabricant d objets en) à façon	A	7ᵉ
Aciers (Fabrique d').	C	3ᵉ
Affiches (Entrepreneur de la pose et de la conservation des).	A	6ᵉ
Affineur de métaux autres que l'or, l'argent et le platine.	A	5ᵉ
Affineur de platine.	A	2ᵉ
Affineur d'or ou d'argent.	C	2ᵉ
Agglomérés, charbon artificiel ou briques combustibles (Fabrique d').	C	3ᵉ
Agrafes (Fabrique d') par procédés mécaniques.	C	3ᵉ
Agrafes (Fabricant d') par les procédés ordinaires, pour son compte.	A	5ᵉ
Agrafes (Fabricant d') par les procédés ordinaires, à façon.	A	8ᵉ
Aiguilles à coudre, à tricoter ou à métier pour faire des bas (Fabrique d').	C	3ᵉ
Aiguilles, clefs et autres petits objets pour montres ou pendules (Fabricant d') pour son compte.	A	6ᵉ
Aiguilles, clefs et autres petits objets pour montres ou pendules (Fabricant d') à façon.	A	8ᵉ
Aiguilles pour les métiers à faire des bas (Monteur d').	A	8ᵉ
Albâtre (Fabricant d'objets en).	A	5ᵉ
Albâtre (Fabricant d'objets en) à façon.	A	7ᵉ
Alcool ou eau-de-vie de fécules, de grains, de betteraves et autres substances analogues (Fabrique d').	C	3ᵉ

PROFESSIONS.	TABLEAU.	CLASSE ou partie de tableau.
Alcool ou eau-de-vie de garance (Fabrique d')...........	C	3ᵉ
Allèges (Maître d').................................	A	7ᵉ
Allume-feu (Fabrique d') par procédés mécaniques.........	C	3ᵉ
Allumettes ou amadou (Fabricant d')....................	A	8ᵉ
Amidon (Fabrique d')................................	C	2ᵉ
Anatomie (Fabricant de pièces d')....................	A	6ᵉ
Anchois (Saleur d')................................	A	4ᵉ
Apparaux (Maître d')...............................	A	4ᵉ
Appareils électriques ou à air comprimé pour les apparte-ments (Fabricant d')................................	A	5ᵉ
Appareils en fer ou en fonte pour le filtrage ou la clarifi-cation des eaux (Entrepreneur de l'établissement d')......	A	3ᵉ
Appareils et ustensiles pour l'éclairage au gaz (Fabri-cant d')...	A	5ᵉ
Appeaux pour la chasse (Fabricant d')..................	A	8ᵉ
Apprêteur de bas ou autres objets de bonneterie pour les fabricants et les marchands...........................	C	4ᵉ
Apprêteur de bas ou autres objets de bonneterie pour les particuliers......................................	A	7ᵉ
Apprêteur de chapeaux de feutre.....................	A	8ᵉ
Apprêteur de chapeaux de feutre ou de paille par procédés mécaniques..	C	3ᵉ
Apprêteur de chapeaux de paille.....................	A	5ᵉ
Apprêteur de cure-dents............................	A	8ᵉ
Apprêteur de peaux................................	A	6ᵉ
Apprêteur de plumes, laines, duvet et autres objets de literie..	A	6ᵉ
Apprêteur d'étoffes pour les fabriques..................	C	4ᵉ
Apprêteur d'étoffes pour les particuliers................	A	5ᵉ
Apprêteur et lustreur de fils pour les fabriques..........	C	4ᵉ
Approprieur de chapeaux............................	A	8ᵉ
Archets (Fabricant d').............................	A	7ᵉ
Architecte, s'il prend des intérêts directs ou indirects dans les entreprises de construction ou s'il occupe des employés dans l'in-dustrie du bâtiment................................	D	//
Arçonneur...	A	8ᵉ
Arçons (Fabricant ou ferreur d').....................	A	7ᵉ

PROFESSIONS.	TABLEAU.	CLASSE ou partie de tableau.
Ardoisières (Exploitant d').............................	C	2ᵉ
Armes de guerre (Fabrique d').........................	C	3ᵉ
Armurier à façon.....................................	A	7ᵉ
Armurier rhabilleur...................................	A	7ᵉ
Arrimeur...	A	6ᵉ
Arrosage, balayage ou enlèvement des boues (Entreprise de l')..	C	5ᵉ
Artificier..	A	6ᵉ
Artiste en cheveux....................................	A	8ᵉ
Asphalte ou bitume (Fabrique d')......................	C	2ᵉ
Assembleur ou brocheur...............................	A	8ᵉ
Attelles pour colliers de bêtes de trait (Fabricant d')....	A	7ᵉ
Avironnier...	A	7ᵉ

B

Bac (Adjudicataire, concessionnaire ou fermier de)..........	C	5ᵉ
Badigeonneur...	A	7ᵉ
Bains publics et douches (Entrepreneur de)..............	A	5ᵉ
Balais de bouleau, de bruyère ou de grand millet (Fabricant de), vendant en gros.............................	A	4ᵉ
Balais de bouleau, de bruyère ou de grand millet (Fabricant de), vendant en demi-gros......................	A	6ᵉ
Balais de bouleau, de bruyère ou de grand millet (Fabricant de), vendant en détail.......................	A	8ᵉ
Balancier (Fabricant) pour son compte..................	A	6ᵉ
Balancier (Fabricant) à façon..........................	A	7ᵉ
Baleine (Apprêteur ou fendeur de brins de)..............	A	3ᵉ
Baleine (Apprêteur ou fendeur de brins de) à façon..........	A	7ᵉ
Ballons pour lampes (Fabricant de) pour son compte.......	A	7ᵉ
Ballons pour lampes (Fabricant de) à façon..............	A	8ᵉ
Bandagiste à façon....................................	A	7ᵉ
Baraquements pour expositions, fêtes et concours (Entrepreneur d'installation de)............................	C	5ᵉ
Bardeaux (Fabricant de) pour son compte...............	A	7ᵉ

PROFESSIONS.	TABLEAU.	CLASSE ou partie de tableau.
Bardeaux (Fabricant de) à façon........................	A	8ᵉ
Baromètres (Fabricant de)........................	A	6ᵉ
Barques, bateaux ou canots (Constructeur de)............	A	6ᵉ
Barques ou bateaux (Loueur de)........................	C	5ᵉ
Barques et bateaux pour le transport des marchandises sur les fleuves, rivières et canaux (Entrepreneur, maître ou patron de)............................	C	1ʳᵉ
Bateau à laver ou lavoir public (Exploitant de)..........	C	3ᵉ
Bateaux à vapeur (Entreprise de) sur fleuves, rivières ou lacs.	C	1ʳᵉ
Bateaux à vapeur omnibus (Entreprise de)..............	C	1ʳᵉ
Bateaux à vapeur remorqueurs (Entreprise de)..........	C	1ʳᵉ
Batelier............................	A	8ᵉ
Bâtier............................	A	7ᵉ
Bâtiments (Entrepreneur de)........................	A	3ᵉ
Bâtonnier............................	A	8ᵉ
Bâtonnier par procédés mécaniques........................	C	3ᵉ
Batteur de laines par procédés mécaniques..............	C	3ᵉ
Batteur d'or et d'argent........................	A	6ᵉ
Battoirs de paume (Fabricant de)........................	A	7ᵉ
Baudelier............................	A	8ᵉ
Baudruche (Apprêteur de)........................	A	6ᵉ
Baugeur............................	A	7ᵉ
Betteraves (Entrepreneur du déchargement et de l'ensilage des) pour la fabrication du sucre........................	A	6ᵉ
Beurre (Fabrique de) par procédés mécaniques............	C	2ᵉ
Beurre frais ou salé (Exploitant un établissement pour la préparation du)............................	C	1ʳᵉ
Biberons (Fabricant pour son compte, ayant magasin, de)...	A	3ᵉ
Biberons (Fabricant pour son compte, sans magasin, de).....	A	6ᵉ
Biberons (Fabricant de) à façon........................	A	7ᵉ
Bijoutier (Marchand fabricant) ayant atelier et magasin.....	A	2ᵉ
Bijoutier (Fabricant) pour son compte, sans magasin........	A	5ᵉ
Bijoutier à façon........................	A	7ᵉ
Bijoutier en faux (Fabricant) pour son compte............	A	6ᵉ
Bijoutier en faux (Fabricant) à façon........................	A	7ᵉ
Billards (Fabricant de) ayant magasin........................	A	4ᵉ

PROFESSIONS.	TABLEAU.	CLASSE ou partie de tableau.
Billards (Fabricant de) sans magasin......................	A	6e
Bimbeloterie (Fabricant d'objets de) sans boutique ni magasin..	A	7e
Biscuit de mer (Fabrique de).........................	C	3e
Bisette (Fabricant de)...............................	A	6e
Blanc de baleine (Raffinerie de).....................	C	2e
Blanc de craie (Extracteur ou fabricant de)...............	C	3e
Blanchisserie de toiles, fils, étoffes de laine pour le commerce, par procédés mécaniques ou chimiques..........	C	3e
Blanchisseur de bas de soie.........................	A	8e
Blanchisseur de chapeaux de paille.................	A	7e
Blanchisseur de fin................................	A	7e
Blanchisseur de linge par procédés mécaniques...........	C	3e
Blanchisseur de linge ayant un établissement de buanderie...	A	6e
Blanchisseur de linge ayant un établissement de buanderie non muni de séchoir artificiel.....................	A	7e
Blanchisseur de linge sans établissement de buanderie......	A	8e
Blanchisseur de toiles et fils pour les particuliers.........	A	5e
Blanchisseur sur pré................................	A	7e
Bluteaux ou blutoirs (Fabricant de)....................	A	6e
Bobines pour les manufactures (Fabricant de)..........	A	8e
Bois d'allumettes (Fabrique de) par procédés mécaniques....	C	3e
Bois de galoches et de socques (Faiseur de)...........	A	8e
Bois pour gravures et impressions (Fabricant de)........	A	6e
Boisselier (Fabricant) pour son compte..................	A	7e
Boisselier (Fabricant) à façon......................	A	8e
Boites et bijoux à musique (Fabricant de mécaniques pour) pour son compte...........................	A	5e
Boites et bijoux à musique (Fabricant de mécaniques pour) à façon............................	A	7e
Bombagiste.......................	A	6e
Bombeur de verres..................	A	6e
Bossetier.........................	A	6e
Bottier ou cordonnier, travaillant sur commande..........	A	6e
Bottier ou cordonnier à façon.....................	A	8e
Boucher (Marchand) en gros......................	A	2e
Boucher (Marchand).............................	A	4e

PROFESSIONS.	TABLEAU.	CLASSE ou partie de tableau.
Boucher ne vendant que de la viande de cheval........	A	5e
Boucher en petit bétail................., ...	A	6e
Bouchons de flacons (Ajusteur de)...................	A	8e
Bouchons de liège (Fabrique de)....................	C	3e
Bouclerie (Fabricant de) pour son compte.............	A	5e
Bouclerie (Fabricant de) à façon.....................	A	8e
Boucles (Enveloppeur de), fabricant et marchand.........	A	7e
Boucles (Enveloppeur de) à façon....................	A	8e
Bougies ou cierges en cire, stéarine, paraffine, etc. (Fabrique de).....................	C	2e
Bouilleur ou brûleur d'eau-de-vie avec alambic à vapeur...	A	4e
Bouilleur ou brûleur d'eau-de-vie avec alambic ordinaire..	A	6e
Boulanger..	A	5e
Boulanger ne fabriquant que du pain bis ou de qualité inférieure..	A	6e
Boulangerie par procédés mécaniques (Exploitant de).......	A	4e
Boules à teinture (Fabricant de).....................	A	4e
Boules vulnéraires dites d'acier ou de Nancy (Fabricant de)....	A	7
Bourrelets d'enfants (Fabricant de)...................	A	7e
Bourrelets en bourre ou en crin végétal (Fabricant de)...	A	7e
Bourrelier.......................................	A	6e
Boutonnières (Fabricant de).........................	A	8e
Boutons de métal, corne, cuir bouilli, etc. (Fabricant de) pour son compte................................	A	5e
Boutons de métal, corne, cuir bouilli, etc. (Fabricant de) à façon..	A	8e
Boutons de soie (Fabricant de) pour son compte..........	A	7e
Boutons de soie (Fabricant de) à façon...............	A	8e
Boyaudier.......................................	A	6e
Brais, poix, résines ou matières résineuses (Fabrique de)...,	C	2e
Brasserie (Exploitant de)........................,.,	C	3e
Brasseur à façon.................................	A	6e
Bretelles ou jarretières (Fabricant de) par procédés non mécaniques..	A	6e
Bretelles ou jarretières (Fabricant de) à façon, par procédés non mécaniques....................................	A	8e
Brioleur avec bêtes de somme.......................	A	8e

PROFESSIONS.	TABLEAU.	CLASSE ou partie de tableau.
Briques, carreaux, creusets, poterie, tuiles, tuyaux pour le drainage ou la conduite des eaux, objets en terre cuite pour la construction ou l'ornementation (Fabrique de)	C	3e
Briquetier à façon	A	8e
Briquets phosphoriques et autres (Fabricant de)	A	6e
Broches et cannelets pour la filature (Fabricant de) pour son compte	A	5e
Broches et cannelets pour la filature (Fabricant de) à façon	A	8e
Broches pour la filature (Rechargeur de)	A	7e
Broderies (Blanchisseur et apprêteur de)	A	7e
Broderies (Dessinateur-imprimeur de)	A	7e
Broderies (Fabricant de), vendant en gros	A	3e
Broderies (Fabricant de), vendant en demi-gros	A	4e
Broderies (Fabricant de), vendant en détail	A	5e
Broderies (Fabricant de) à façon	A	7e
Brodeur sur étoffes, en or et en argent	A	4e
Bronze (Metteur en)	A	7e
Brosses (Fabricant de pattes de) par procédés ordinaires	A	8e
Brosses (Fabrique de pattes de) par procédés mécaniques	C	3e
Brossier (Fabricant) par procédés mécaniques	C	3e
Brossier (Fabricant) par procédés ordinaires, pour son compte	A	6e
Brossier (Fabricant) par procédés ordinaires, à façon	A	8e
Broyeur à bras	A	8e
Brunisseur	A	7e
Buanderie (Loueur d'établissement de)	A	7e
Buffletier (Fabricant) pour son compte	A	7e
Buffletier (Fabricant) à façon	A	8e
Buscs (Fabricant de) pour son compte	A	6e
Buscs (Fabricant de) à façon	A	7e
Bustes en cire pour les coiffeurs (Fabricant de)	A	7e
Bustes et figures en plâtre ou en terre (Mouleur de)	A	6e

PROFESSIONS.	TABLEAU.	CLASSE ou partie de tableau.
C		
Cabas (Faiseur de)................................	A	8ᵉ
Câbles et cordages pour la marine, la navigation intérieure ou les mines (Fabrique de)...................	C	3ᵉ
Cabriolets, fiacres et autres voitures semblables, sous remise ou sur place (Entreprise de)...............	B	"
Cadrans de montres et de pendules (Fabricant de) pour son compte.....................................	A	6ᵉ
Cadrans de montres et de pendules (Fabricant de) à façon..	A	8ᵉ
Café de chicorée, de glands ou autres matières analogues (Fabrique de)..	C	2ᵉ
Cafetières, bouillottes, marabouts (Fabricant de)........	A	6ᵉ
Cafetières, bouillottes, marabouts (Fabricant de) à façon...	A	8ᵉ
Cages, souricières ou tournettes (Fabricant de)..........	A	8ᵉ
Caisses de tambour (Facteur de)......................	A	6ᵉ
Calandreur d'étoffes neuves........................	A	5ᵉ
Calandreur de vieilles étoffes ou de chapeaux de paille..	A	7ᵉ
Calfat, radoubeur de navires........................	A	6ᵉ
Calorifères pour le chauffage des maisons, serres ou établissements publics (Fabricant ou entrepreneur de la construction des)......................................	C	3ᵉ
Cambreur de tiges de bottes........................	A	7ᵉ
Camées faux ou moulés (Fabricant de)................	A	7ᵉ
Canaux navigables avec péage, canaux d'irrigation ou de colmatage (Concessionnaire ou exploitant de)...........	C	1ʳᵉ
Canevas (Dessinateur de)...........................	A	8ᵉ
Cannelles et robinets en cuivre (Fabricant de) pour son compte.	A	6ᵉ
Cannelles et robinets en cuivre (Fabricant de) à façon.....	A	7ᵉ
Cannes (Fabricant pour son compte de) ayant boutique ou magasin.	A	6ᵉ
Cannes (Fabricant de) pour son compte, sans boutique ni magasin.	A	7ᵉ
Cannes (Fabricant de) à façon......................	A	8ᵉ
Cannetille (Fabricant de)...........................	A	7ᵉ
Canots (Loueur de)................................	A	7ᵉ
Caoutchouc, celluloïd, gutta-percha ou autres matières analogues (Exploitant un établissement pour la préparation ou l'emploi du) par procédés mécaniques.................	C	3ᵉ

PROFESSIONS.	TABLEAU.	CLASSE ou partie de tableau.
Caoutchouc, celluloïd, gutta-percha ou autres matières analogues (Fabricant d'objets confectionnés ou d'étoffes garnies en).	A	4ᵉ
Caparaçonnier pour son compte.	A	6ᵉ
Caparaçonnier à façon.	A	8ᵉ
Capsules métalliques (Fabricant de) pour boucher les bouteilles.	A	6ᵉ
Capsules ou cartouches pour armes à feu (Fabrique de).	C	3ᵉ
Caractères d'imprimerie (Fondeur de).	C	3ᵉ
Caractères d'imprimerie (Graveur en).	A	7ᵉ
Caractères mobiles en bois ou en terre cuite (Fabricant de).	A	7ᵉ
Caractères mobiles en métal autre que la fonte d'imprimerie (Fabricant de).	A	5ᵉ
Caramel (Fabrique de).	C	2ᵉ
Carcasses ou montures de parapluies (Fabricant de) pour son compte.	A	7ᵉ
Carcasses ou montures de parapluies (Fabricant de) à façon.	A	8ᵉ
Carcasses pour modes (Fabricant de).	A	8ᵉ
Cardes (Fabricant de) par les procédés ordinaires, pour son compte.	A	6ᵉ
Cardes (Fabricant de) à façon, par les procédés ordinaires.	A	8ᵉ
Cardes (Fabrique de) par procédés mécaniques.	C	4ᵉ
Cardeur de laine, de coton, de bourre de soie, filoselle, etc.	A	7ᵉ
Carreleur.	A	7ᵉ
Carrés de montres (Fabricant de) pour son compte.	A	6ᵉ
Carrés de montres (Fabricant de) à façon.	A	8ᵉ
Carrières souterraines ou à ciel ouvert (Exploitant de).	C	1ʳᵉ
Carrioles (Loueur de).	A	7ᵉ
Carrossier (Fabricant).	A	2ᵉ
Carrossier raccommodeur.	A	5ᵉ
Cartier, fabricant de cartes à jouer.	A	4ᵉ
Carton à la cuve (Fabrique de).	C	3ᵉ
Carton en feuilles de papier collées (Fabricant de).	A	6ᵉ
Carton en feuilles de papier collées (Fabricant de) à façon.	A	7ᵉ
Carton ou carton-pierre (Marchand fabricant d'ornements en pâte de).	A	3ᵉ
Carton ou feutre d'amiante (Fabrique de).	C	3ᵉ
Cartonnage fin (Fabricant de).	A	5ᵉ
Cartons pour bureaux et autres (Fabricant de) pour son compte.	A	6ᵉ

PROFESSIONS.	TABLEAU.	CLASSE ou partie de tableau.
Cartons pour bureaux et autres (Fabricant de) à façon.....	A	8ᵉ
Casquettes, toques, bonnets carrés et autres (Fabricant de).	A	6ᵉ
Casquettes, toques, bonnets carrés et autres (Fabricant de) à façon.........................	A	8ᵉ
Ceinturons, visières et menus objets en cuir (Fabricant de) pour son compte.....................	A	7ᵉ
Ceinturons, visières et menus objets en cuir (Fabricant de) à façon..........................	A	8ᵉ
Cendres (Laveur de)........................	A	6ᵉ
Cendres de métaux précieux (Exploitant une fonderie de)...	C	2ᵉ
Cendres gravelées (Fabrique de)................	C	2ᵉ
Cendres noires (Extracteur de).................	C	5ᵉ
Cerclier...............................	A	8ᵉ
Chaises (Empailleur de).....................	A	8ᵉ
Chaises à porteur ou fauteuils roulants (Loueur de)......	A	8ᵉ
Chaises communes (Fabricant de)................	A	8ᵉ
Chaises fines (Fabricant de)...................	A	6ᵉ
Chamoiseur pour son compte..................	A	6ᵉ
Chamoiseur à façon........................	A	8ᵉ
Chandeliers en fer ou en cuivre (Fabricant de) pour son compte.	A	6ᵉ
Chandeliers en fer ou en cuivre (Fabricant de) à façon.....	A	8ᵉ
Chandelles (Fabrique de).....................	C	2ᵉ
Chapeaux (Fabricant de).....................	C	2ᵉ
Chapeaux (Fabricant de coiffes de)...............	A	8ᵉ
Chapeaux (Garnisseur de)....................	A	8ᵉ
Chapelets (Fabricant de).....................	A	7ᵉ
Chapelier à façon.........................	A	7ᵉ
Charbonnier cuiseur.......................	A	7ᵉ
Charcutier.............................	A	4ᵉ
Chargement et déchargement des navires, des bateaux ou des voitures de chemins de fer (Entrepreneur de).......	A	6ᵉ
Charnières en fer, cuivre ou fer-blanc (Fabricant de) par procédés ordinaires, pour son compte.............	A	7ᵉ
Charnières en fer, cuivre ou fer-blanc (Fabricant de) par procédés ordinaires, à façon................	A	8ᵉ
Charpentier............................	A	6ᵉ
Charpentier (Entrepreneur-fournisseur)............	A	4ᵉ

PROFESSIONS.	TABLEAU.	CLASSE ou partie de tableau.
Charpentier à façon	A	7°
Charpie (Fabrique de) par procédés mécaniques	C	3°
Charrettes (Loueur de)	A	8°
Charron	A	6°
Charron à façon	A	7°
Châsses de lunettes (Fabricant de) pour son compte	A	6°
Châsses de lunettes (Fabricant de) à façon	A	8°
Chasubles ou autres ornements d'église (Fabricant de)	A	4°
Chasubles ou autres ornements d'église (Fabricant de) à façon	A	7°
Chaudronnerie pour les appareils à vapeur, à distiller, à concentrer etc. (Fabrique de)	C	4°
Chaudronnier	A	5°
Chaudronnier rhabilleur	A	7°
Chauffage industriel (Entrepreneur de construction ou d'installation pour)	A	4°
Chaussons autres qu'en lisières, ou sandales (Fabricant de)	A	6°
Chaussons de lisière (Fabricant de)	A	8°
Chaussures (Fabricant de) par procédés mécaniques	C	3°
Chaux ou ciments artificiels (Fabrique de)	C	2°
Chaux ou ciments naturels (Fabrique de)	C	3°
Chef de ponts et pertuis	A	6°
Chemins de fer ou tramways avec péage (Concessionnaire ou exploitant de)	C	3°
Cheminées dites économiques (Fabricant de)	A	6°
Chenilles en soie (Fabricant de) pour son compte	A	7°
Chenilles en soie (Fabricant de) à façon	A	8°
Chevilleur	A	8°
Chimiste	A	4°
Chimiste-expert près les tribunaux	A	3°
Chineur	A	7°
Chocolat (Fabricant de) par procédés mécaniques	C	2°
Chocolat (Fabricant de) à la main	A	6°
Cimentier (Marchand) : celui qui vend des mastics et ciments qu'il a fabriqués	A	6°
Cirage ou encaustique (Fabrique de) par procédés mécaniques	C	2°
Cirage ou encaustique (Fabricant de) par procédés ordinaires	A	7°
Cire (Blanchisserie de)	C	2°

PROFESSIONS.	TABLEAU.	CLASSE ou partie de tableau.
Cire à cacheter (Fabricant de)......................	A	4°
Ciseleur...................................	A	6°
Clinquant (Fabricant de) pour son compte..............	A	6°
Clinquant (Fabricant de) à façon....................	A	8°
Clous et pointes (Fabrique de) par procédés mécaniques......	C	3°
Cloutier au marteau pour son compte..................	A	7°
Cloutier au marteau à façon.......................	A	8°
Cocons (Filerie de)............................	C	3°
Coffretier-malletier en bois......................	A	6°
Coffretier-malletier en cuir......................	A	5°
Coiffes de femmes (Faiseuse de)....................	A	7°
Coiffeur...................................	A	6°
Coke (Fabrique de)............................	C	2°
Collage et séchage de chaînes et tissus (Exploitant un établissement de) par procédés mécaniques..................	C	4°
Collage et séchage de chaînes et tissus (Exploitant un établissement de) par procédés ordinaires..................	C	4°
Colle de pâte (Fabricant de)......................	A	7°
Colle forte, de peau, de graisse, de gélatine (Fabrique de)...................................	C	2°
Colle solide ou en poudre pour la clarification des vins et liqueurs (Fabricant de)......................	A	5°
Colle végétale pour les papeteries (Fabrique de).........	C	2°
Colleur de chaînes pour fabrication de tissus...........	A	7°
Colleur de papiers peints........................	A	8°
Colleur d'étoffes	A	5°
Colliers de chiens (Fabricant de)..................	A	7°
Coloriste enlumineur...........................	A	8°
Cols, collets, cravates ou rabats (Fabricant de) pour son compte.	A	6°
Cols, collets, cravates ou rabats (Fabricant de) à façon....	A	8°
Commissaire-priseur, s'il a une salle de vente spéciale........	D	"
Commissionnaire de transports par terre ou par eau.....	B	"
Commissionnaire entrepositaire....................	B	"
Commissionnaire expéditeur de charbon	A	6°
Commissionnaire porteur pour les fabricants de tissus ...	A	6°
Condition pour les soies, la laine ou le coton (Entrepreneur ou fermier d'une).............................	A	2°

PROFESSIONS.	TABLEAU.	CLASSE ou partie de tableau.
Confiseur..	A	3ᵉ
Confiseur en chambre................................	A	7ᵉ
Conservation des bois, des toiles et des cordages (Établissement pour la) au moyen de préparations chimiques....	C	3ᵉ
Conserves alimentaires (Fabrique de)..................	C	2ᵉ
Coraux (Préparateur de).............................	A	3ᵉ
Cordes d'écorces (Fabricant de)......................	A	8ᵉ
Cordes harmoniques (Fabricant de) pour son compte.......	A	6ᵉ
Cordes harmoniques (Fabricant de) à façon............	A	7ᵉ
Cordes métalliques (Fabricant de) pour son compte........	A	6ᵉ
Cordes métalliques (Fabricant de) à façon............	A	7ᵉ
Cordes ou ficelles (Fabrique de) par procédés mécaniques....	C	4ᵉ
Cordier, fabricant de menus cordages, tels que cordes, ficelles, longes, traits, etc............................	A	7ᵉ
Cordons, lacets, tresses, ganses en fil, soie, laine, coton, etc. (Fabricant de) pour son compte............	A	7ᵉ
Cordons, lacets, tresses, ganses en fil, soie, laine, coton, etc. (Fabricant de) à façon...................	A	8ᵉ
Corne (Apprêteur de) pour son compte..................	A	6ᵉ
Corne (Apprêteur de) à façon........................	A	8ᵉ
Corne (Fabricant de feuilles transparentes de) pour son compte..	A	6ᵉ
Corne (Fabricant de feuilles transparentes de) à façon........	A	8ᵉ
Corroyeur (Marchand)...............................	A	4ᵉ
Corroyeur à façon...................................	A	7ᵉ
Corsets (Fabricant de), vendant en gros..............	A	3ᵉ
Corsets (Fabricant de), vendant en demi-gros..........	A	5ᵉ
Corsets (Fabricant de), vendant en détail.............	A	6ᵉ
Cossettes de betteraves ou de chicorée (Fabrique de).....	C	2ᵉ
Costumier...	A	6ᵉ
Couleurs et vernis (Fabrique de).....................	C	2ᵉ
Coupeur, arracheur ou effilocheur de poils ou de déchets de poils par procédés mécaniques...................	C	3ᵉ
Coupeur de poils par procédés ordinaires, pour son compte...	A	6ᵉ
Coupeur de poils par procédés ordinaires, à façon..........	A	7ᵉ

PROFESSIONS.	TABLEAU.	CLASSE ou partie de tableau.
Couronnes ou ornements funéraires (Fabricant de), vendant en gros	A	2e
Couronnes ou ornements funéraires (Fabricant de), vendant en demi-gros	A	4e
Couronnes ou ornements funéraires (Fabricant de), vendant en détail	A	6e
Courroies (Apprêteur de) pour son compte	A	7e
Courroies (Apprêteur de) à façon	A	8e
Courroies (Fabricant de) par procédés mécaniques	C	3e
Coutelier à façon	A	7e
Coutellerie (Fabricant de) expédiant sur commande	C	3e
Coutellerie (Fabricant non expéditeur de)	C	3e
Couverts et autres objets de service de table en argent ou en alliage (Fabricant de) par procédés mécaniques	C	3e
Couverts et autres objets en fer battu ou étamé (Fabricant de) par procédés mécaniques	C	3e
Couverts et autres objets en fer battu ou étamé (Fabricant de) par procédés ordinaires	C	3e
Couvreur (Entrepreneur)	A	4e
Couvreur (Maître)	A	6e
Couvreur à façon	A	7e
Couvreur en paille ou en chaume	A	7e
Crayons (Fabrique de)	C	2e
Crépin en buis (Fabricant d'articles de) pour son compte	A	7e
Crépin en buis (Fabricant d'articles de) à façon	A	8e
Criblier	A	7e
Crics (Fabricant de)	A	5e
Crin (Apprêteur, crêpeur ou friseur de) à façon	A	8e
Crin frisé (Apprêteur de)	A	5e
Crin végétal (Fabrique de) par procédés mécaniques	C	3e
Crinières (Fabricant de) pour son compte	A	6e
Crinières (Fabricant de) à façon	A	8e
Cristaux (Fabrique de)	C	3e
Cristaux (Tailleur de)	A	7e
Crochets pour les fabriques d'étoffes (Fabricant de) pour son compte	A	7e
Crochets pour les fabriques d'étoffes (Fabricant de) à façon	A	8e

PROFESSIONS.	TABLEAU.	CLASSE ou partie de tableau.
Cuillers d'étain (Fondeur ambulant de)................	A	8ᵉ
Cuir bouilli et verni (Fabricant d'objets en).............	A	6ᵉ
Cuirs ou pierres à rasoirs (Fabricant de).............	A	6ᵉ
Culottier en peau (Marchand).......................	A	5ᵉ
Cylindres pour filature (Garnisseur de)...............	A	8ᵉ
Cylindres pour filature (Tourneur et couvreur de)........	A	5ᵉ

D

PROFESSIONS.	TABLEAU.	CLASSE ou partie de tableau.
Dallage en ciment ou en mosaïque (Entrepreneur de)......	A	6ᵉ
Damasquineur................................	A	6ᵉ
Débarreur d'étoffes.............................	A	7ᵉ
Décatisseur..................................	A	5ᵉ
Déchireur de chiffons, vieux cordages, vieilles étoffes et déchets de laine et de coton par procédés mécaniques....	C	3ᵉ
Déchireur ou dépeceur de bateaux..................	A	5ᵉ
Découpeur d'étoffes par procédés mécaniques...........	C	3ᵉ
Découpeur d'étoffes ou de papiers.................	A	8ᵉ
Découpeur en marqueterie........................	A	7ᵉ
Découpoirs (Fabricant de) pour son compte............	A	6ᵉ
Découpoirs (Fabricant de) à façon.................	A	8ᵉ
Décrotteur en boutique..........................	A	8ᵉ
Décrueur de fil...............................	A	7ᵉ
Défrichement ou desséchement (Compagnie de)..........	C	1ʳᵉ
Dégraisseur..................................	A	7ᵉ
Dégraisseur par procédés mécaniques................	C	3ᵉ
Dégras (Fabricant de), vendant en gros................	A	3ᵉ
Dégras (Fabricant de), vendant en détail..............	A	7ᵉ
Déménagements (Entrepreneur de), s'il a plusieurs voitures..	A	3ᵉ
Déménagements (Entrepreneur de), s'il n'a qu'une seule voiture..................................	A	6ᵉ
Denteleur de scies.............................	A	7ᵉ
Dentelles (Fabricant de), vendant en gros.............	A	3ᵉ
Dentelles (Fabricant de), vendant en demi-gros..........	A	4ᵉ
Dentelles (Fabricant de), vendant en détail............	A	5ᵉ

PROFESSIONS.	TABLEAU.	CLASSE ou partie de tableau.
Dentelles (Fabricant de) à façon, n'employant pas de métiers.	A	7ᵉ
Dentelles ou broderies sur tulle (Entrepreneur de fabrication de)..	A	3ᵉ
Dentiste, *s'il a un atelier pour la fabrication ou la réparation des dents et râteliers artificiels*........................	D	*u*
Dents et râteliers artificiels (Fabricant de).............	A	5ᵉ
Dents et râteliers artificiels (Fabricant de) à façon........	A	7ᵉ
Dépeceur de voitures...............................	A	6ᵉ
Dépolisseur de verres..............................	A	7ᵉ
Dés à coudre en métal autre que l'or et l'argent (Fabricant de) pour son compte.................................	A	5ᵉ
Dés à coudre en métal autre que l'or et l'argent (Fabricant de) à façon.....................................	A	8ᵉ
Dessèchement (Entrepreneur de travaux de).............	C	5ᵉ
Dessinateur de parcs et jardins......................	A	6ᵉ
Dessinateur, modeleur ou sculpteur pour fabrique......	A	6ᵉ
Dessinateur ou écrivain sur pierres lithographiques.....	A	8ᵉ
Dextrine, gomme dextrine, gommeline, léiogomme ou autres produits analogues (Fabrique de)...............	C	3ᵉ
Diamants pour vitriers et miroitiers (Monteur de) pour son compte..	A	6ᵉ
Diamants pour vitriers et miroitiers (Monteur de) à façon.	A	7ᵉ
Diligences partant à jours et heures fixes (Entreprise de).	C	3ᵉ
Distillateur d'essences ou eaux parfumées ou médicinales..	C	2ᵉ
Distillateur-liquoriste...............................	C	2ᵉ
Distillateur-parfumeur..............................	C	2ᵉ
Dock, cale ou forme pour la réparation des navires (Exploitant ou concessionnaire de).....................	A	5ᵉ
Doreur, argenteur et applicateur d'autres métaux que l'or et l'argent, n'employant pas les procédés galvaniques ..	A	6ᵉ
Doreur sur bois.....................................	A	6ᵉ
Doreur sur tranches, sur cuir, sur papier.............	A	7ᵉ
Dorures et argentures sur métaux (Fabricant de), n'employant pas les procédés galvaniques.....................	A	4ᵉ
Dorures pour passementeries (Fabricant de)............	A	4ᵉ
Dragues avec moteur mécanique (Exploitant de).........	C	5ᵉ
Dragueur avec machine à bras ou à manège............	C	5ᵉ

PROFESSIONS.	TABLEAU.	CLASSE ou partie de tableau.
Dragueur travaillant à bras seulement............	C	5e
Drainage (Entrepreneur de)................	A	6e
Drap-feutre (Fabricant de) par procédés mécaniques	C	4e
Drogues (Pileur de)................	A	7e
E		
Eau (Entrepreneur de fourniture ou de distribution d')......	C	2e
Eau filtrée ou clarifiée et dépurée (Entrepreneur d'un établissement d')................	A	3e
Eaux gazeuses, eaux minérales naturelles ou factices, ou limonades gazeuses (Fabricant d')............	A	4e
Eaux minérales ou thermales (Exploitant d').........	C	3e
Ébéniste (Fabricant) pour son compte, sans magasin......	A	6e
Ébéniste (Fabricant) à façon................	A	7e
Ébéniste (Marchand) ayant boutique ou magasin........	A	5e
Échelles, fourches, râteaux et râteliers (Fabricant d')....	A	7e
Écorces pour la fabrication du papier (Déchireur d'), par procédés mécaniques................	C	3e
Écorcheur ou équarrisseur d'animaux.............	A	7e
Écorcheur ou équarrisseur d'animaux ayant abattoir ou clos d'équarrissage................	A	6e
Écrans (Fabricant d') pour son compte............	A	6e
Écrans (Fabricant d') à façon................	A	8e
Élastiques pour bretelles, jarretières, etc. (Fabricant d').	A	8e
Électricien................	A	5e
Émailleur pour son compte................	A	6e
Émailleur à façon................	A	7e
Emballeur non layetier................	A	6e
Emballeur pour les vins................	A	5e
Embouchoirs (Faiseur d')................	A	7e
Emplacement pour dépôts de marchandises (Exploitant un)................	A	5e
Encadreur d'estampes................	A	8e
Enclumes, essieux et gros étaux (Manufacture d').......	C	3e
Encre à écrire (Fabricant d'), vendant en gros...........	A	3e
Encre à écrire (Fabricant d'), vendant en détail..........	A	6e

PROFESSIONS.	TABLEAU.	CLASSE ou partie de tableau.
Encre d'impression (Fabrique d')......................	C	2ᵉ
Encriers perfectionnés — siphoïde, pompe, inoxydable, etc. — (Fabricant d')..................................	A	4ᵉ
Enduit contre l'oxydation (Applicateur d')...............	A	6ᵉ
Énergie électrique (Exploitant une usine pour la production ou la transformation de l')......................	C	3ᵉ
Engrais (Fabricant d')...........................	C	3ᵉ
Enjoliveur (Fabricant) pour son compte.................	A	7ᵉ
Enjoliveur (Fabricant) à façon.....................	A	8ᵉ
Enlaceur de cartons............................	A	6ᵉ
Entrepôt (Concessionnaire, exploitant ou fermier des droits d'emmagasinage dans un)......................	A	2ᵉ
Éperonnier pour son compte......................	A	5ᵉ
Éperonnier à façon.............................	A	8ᵉ
Épinceleur...................................	A	8ᵉ
Épingles (Fabricant d') par les procédés ordinaires..........	A	6ᵉ
Épingles (Fabricant d') par les procédés ordinaires, à façon...	A	8ᵉ
Épingles (Fabrique d') par procédés mécaniques...........	C	3ᵉ
Épinglier-grillageur.............................	A	7ᵉ
Équarrisseur de bois............................	A	7ᵉ
Équipage (Maître d')............................	A	5ᵉ
Équipeur-monteur..............................	A	7ᵉ
Esprit ou eau-de-vie de marc de raisin, cidre et poiré (Fabrique d')...............................	C	2ᵉ
Esprit ou eau-de-vie de vin (Fabrique d')...............	C	2ᵉ
Essayeur de soie...............................	A	6ᵉ
Essayeur pour le commerce......................	A	4ᵉ
Essence d'Orient (Fabricant d').....................	A	7ᵇ
Estampeur en or et en argent......................	A	4ᵉ
Estampeur ou repousseur en métaux autres que l'or et l'argent....................................	A	7ᵉ
Étain (Fabricant de feuilles d').....................	A	5ᵉ
Étain pour glaces (Fabrique d').....................	C	2ᵉ
Étameur ambulant d'ustensiles de cuisine.............	A	8ᵉ
Étameur de glaces..............................	A	6ᵇ
Étoffes (Crêpeur d').........	A	7ᵇ

PROFESSIONS.	TABLEAU.	CLASSE ou partie de tableau.
Étriers (Fabricant d') pour son compte	A	5e
Étriers (Fabricant d') à façon	A	8e
Étrilles (Fabricant d') pour son compte	A	5e
Étrilles (Fabricant d') à façon	A	7e
Étuis et sacs de papier (Fabricant d')	A	8e
Évantailliste (Fabricant) pour son compte	A	7e
Évantailliste (Fabricant) à façon	A	8e
Évantailliste (Marchand fabricant) ayant boutique ou magasin.	A	6e

F

PROFESSIONS.	TABLEAU.	CLASSE
Fabricant travaillant pour le commerce et occupant plus de 10 ouvriers	C	3e
Fabricant d'objets concernant le grand et le petit équipement, l'habillement, la remonte, le harnachement, le campement, etc. des troupes de terre et de mer	C	3e
Fabrication dans les dépôts de mendicité (Entrepreneur de)	C	5e
Fabrication dans les prisons, etc. (Entrepreneur de)	C	5e
Fabrication du pain pour les troupes (Entrepreneur de la)	C	2e
Faïence (Fabrique de)	C	3e
Faux ou faucilles (Fabrique de)	C	3e
Fécules (Fabrique de)	C	2e
Fendeur en bois	A	7e
Fer-blanc (Fabrique de)	C	3e
Ferblantier-lampiste	A	5e
Ferblantier	A	6e
Ferblantier en chambre	A	7e
Ferreur de lacets	A	8e
Ferronnerie, serrurerie, clous forgés (Fabrique de)	C	3e
Feutre (Fabricant de) pour la papeterie, le doublage des navires, plateaux vernis, etc.	A	6e
Figures en cire (Mouleur de) à façon	A	8e
Fil (Dévideur de)	C	4e
Fil à coudre, à broder, à tricoter, etc. (Retordeur ou fabricant de)	C	4e
Fil de coton, de laine, de chanvre, de lin, d'étoupe, d'amiante, de déchets ou de bourre de soie pour le tissage (Retordeur de)	C	4e

PROFESSIONS.	TABLEAU.	CLASSE ou partie de tableau.
Filasse de nerfs (Fabricant de) pour son compte..........	A	6ᵉ
Filasse de nerfs (Fabricant de) à façon.................	A	8ᵉ
Filature d'amiante..................................	C	4ᵉ
Filature de chanvre, de lin, d'étoupe, de jute ou de ramie.	C	4ᵉ
Filature de coton..................................	C	4ᵉ
Filature de déchets ou de bourre de soie.............	C	4ᵉ
Filature de laine cardée...........................	C	4ᵉ
Filature de laine peignée..........................	C	4ᵉ
Filets, gants, mitaines, résilles ou autres ouvrages à mailles (Fabricant de), vendant en gros...............	A	3ᵉ
Filets, gants, mitaines, résilles ou autres ouvrages à mailles (Fabricant de), vendant en demi-gros...........	A	4ᵉ
Filets, gants, mitaines, résilles ou autres ouvrages à mailles (Fabricant de), vendant en détail..............	A	7ᵉ
Filets, gants, mitaines, résilles ou autres ouvrages à mailles (Fabricant de) à façon.....................	A	8ᵉ
Filets pour la pêche, la chasse, etc. (Fabricant de).......	A	6ᵉ
Filets pour la pêche, la chasse, etc. (Fabricant de) par procédés mécaniques................................	C	4ᵉ
Fileur (Entrepreneur).............................	A	6ᵉ
Filigraniste......................................	A	6ᵉ
Finisseur en horlogerie............................	A	7ᵉ
Fleuriste ou feuillagiste à la botte (Fabricant)..........	A	7ᵉ
Fleurs artificielles (Monteur de), vendant en gros.........	A	2ᵉ
Fleurs artificielles (Monteur de), vendant en demi-gros......	A	4ᵉ
Fleurs artificielles (Monteur de), vendant en détail........	A	5ᵉ
Fleurs artificielles, feuillages, fruits ou verdure (Fabricant de) ayant boutique ou magasin......................	A	5ᵉ
Fleurs artificielles, feuillages, fruits ou verdure (Fabricant de) sans boutique ni magasin.....................	A	7ᵉ
Fleurs artificielles, feuillages, fruits ou verdure (Fabricant de) à façon......................................	A	8ᵉ
Flottage (Entrepreneur de).........................	C	5ᵉ
Fonderie de cuivre ayant laminoirs ou martinets (Exploitant de)...	C	3ᵉ
Fonderie de cuivre sans laminoirs ni martinets (Exploitant de)...	C	3ᵉ

PROFESSIONS.	TABLEAU.	CLASSE ou partie de tableau.
Fonderie de cuivre et bronze (Entrepreneur de)..........	C	3e
Fonderie de fer de seconde fusion (Entrepreneur de)......	C	3e
Fonderie ou affinage de plomb, de zinc, d'aluminium ou alliage d'aluminium, d'antimoine, de nickel (Entrepreneur de)..	C	3e
Fondeur d'étain, de plomb ou fonte de chasse..........	A	6e
Fondeur d'or et d'argent............................	A	3e
Fondeur stéréotypeur..............................	C	3e
Fontaines à filtrer (Fabricant de)...................	A	6e
Fontainier, sondeur ou foreur de puits artésiens........	C	2e
Force motrice (Loueur de)...........................	A	6e
Forces (Fabricant de) pour son compte................	A	5e
Forces (Fabricant de) à façon.......................	A	7e
Forets (Fabricant de).............................	A	7e
Forgeron..	A	6e
Forgeron de petites pièces (canons, platines) pour son compte.	A	5e
Forgeron de petites pièces à façon...................	A	7e
Forges (Maître de)...............................	C	3e
Formaire pour la fabrication du papier, pour son compte..	A	6e
Formaire pour la fabrication du papier, à façon..........	A	8e
Formes à sucre (Fabricant de)......................	C	3e
Formes pour la chaussure par procédés mécaniques (Fabrique de)..	C	3e
Formier...	A	7e
Fosses mobiles inodores (Entrepreneur de).............	A	4e
Fouets, cravaches (Fabricant de) pour son compte........	A	7e
Fouets, cravaches (Fabricant de) à façon..............	A	8e
Fouleur de bas et autres articles de bonneterie........	A	6e
Fouleur de feutre pour les chapeliers.................	A	6e
Foulonnier.......................................	C	3e
Fourbisseur (Marchand)............................	A	6e
Fournaliste......................................	A	6e
Fourneaux potagers (Fabricant de)..................	A	6e
Fournier ou cuiseur...............................	A	7e
Fourreaux pour sabres, épées, baïonnettes (Fabricant de) pour son compte..................................	A	7e

PROFESSIONS.	TABLEAU.	CLASSE ou partie de tableau.
Fourreaux pour sabres, épées, baïonnettes (Fabricant de) à façon.	A	8ᵉ
Fourreur.	A	4ᵉ
Fourreur à façon.	A	7ᵉ
Frangier pour son compte.	A	7ᵉ
Frangier à façon.	A	8ᵉ
Frappeur de gaze.	A	8ᵉ
Friseur de draps et autres étoffes de laine.	A	7ᵉ
Friteur ou friturier.	A	7ᵉ
Fromages de pâte grasse (Fabricant de), vendant en gros.	A	1ʳᵉ
Fromages de pâte grasse (Fabricant de), vendant en demi-gros.	A	4ᵉ
Fromages de pâte grasse (Fabricant de), vendant en détail.	A	6ᵉ
Fromages de Roquefort ou autres fromages secs (Fabrique de).	C	2ᵉ
Fumiste.	A	6ᵉ
Fumiste (Entrepreneur).	A	4ᵉ
Fuseaux (Fabricant de).	A	8ᵉ

G

Gabare (Maître de) ou gabarier.	A	7ᵉ
Gainier (Fabricant) pour son compte.	A	7ᵉ
Geinier (Fabricant) à façon.	A	8ᵉ
Galochier.	A	7ᵉ
Galonnier (Fabricant) pour son compte.	A	7ᵉ
Galonnier (Fabricant) à façon.	A	8ᵉ
Galvanisation du fer (Exploitant une usine pour la).	C	3ᵉ
Galvanoplastie (Fabricant de), doreur, argenteur ou applicateur de métaux par les procédés galvaniques.	C	3ᵉ
Gantier dresseur.	A	7ᵉ
Gants (Fabricant de).	C	3ᵉ
Garde-robes inodores (Fabricant de).	A	6ᵉ
Gare d'eau (Entrepreneur de).	C	5ᵉ
Garnisseur d'étuis pour instruments de musique.	A	8ᵉ
Garnitures de parapluies et cannes, telles que bouts, anneaux, crosses, manches, etc. (Fabricant de).	A	8ᵉ

PROFESSIONS.	TABLEAU.	CLASSE ou partie de tableau.
Gaufreur d'étoffes, de rubans, etc...............	A	7e
Gaz (Entrepreneur ou concessionnaire de l'éclairage au).......	A	1re
Gaz pour l'éclairage (Fabrique de).....................	C	3e
Gélatine (Fabrique de).............................	C	2e
Gibernes (Fabricant de) pour son compte...............	A	6e
Gibernes (Fabricant de) à façon......................	A	8e
Glace (Exploitant une usine pour la fabrication artificielle de la).	C	3e
Glace, eau congelée (Fabricant de).....................	A	6e
Glaces (Fabrique de)...............................	C	3e
Globes terrestres et célestes (Fabricant de).............	A	6e
Glucose (Fabrique de)...............................	C	2b
Gommeur d'étoffes.................................	A	6e
Goudron (Fabrique de)..............................	C	2e
Gravatier...	A	7e
Graveur de musique................................	A	8e
Graveur en photogravure, héliogravure, typogravure...	C	3e
Graveur sur bois..................................	A	8e
Graveur sur cylindres..............................	A	4e
Graveur sur métaux, fabriquant les timbres secs et gravant sur bijoux..	A	6e
Graveur sur métaux, se bornant à graver des cachets ou des planches pour factures et autres objets dits « de ville ».......	A	7e
Graveur sur verre par procédés non mécaniques, pour son compte...	A	7e
Graveur sur verre par procédés non mécaniques, à façon....	A	8e
Grue (Maître de)..................................	A	6e
Guêtrier..	A	7e
Guillocheur.......................................	A	7e
Guimperie (Fabricant de) par procédés mécaniques.........	C	3e
Guimpier..	A	8e

H

Hameçons (Fabricant d')............................	A	7e
Harmonicas (Facteur d')............................	A	8e
Harpes (Facteur de) ayant boutique ou magasin...........	A	3e

PROFESSIONS.	TABLEAU.	CLASSE ou partie de tableau.
Harpes (Facteur de) n'ayant ni boutique ni magasin.........	A	6ᵉ
Hauts fourneaux (Maître de).........................	C	3ᵉ
Hongroyeur ou hongrieur............................	A	4ᵃ
Horloger repasseur................................	A	7ᵉ
Horloger rhabilleur (Marchand).....................	A	6ᵉ
Horloger rhabilleur non marchand...................	A	7ᵉ
Horlogerie (Fabrique de pièces d') par procédés mécaniques....	C	3ᵉ
Horlogerie (Fabricant de pièces d') pour son compte.........	A	6ᵉ
Horlogerie (Fabricant de pièces d') à façon...............	A	7ᵉ
Horloges en bois (Fabricant d')......................	A	7ᵉ
Housses et autres articles analogues pour les bourreliers et les selliers (Fabricant de)........................	A	3ᵉ
Huile de goudron (Fabrique d').......................	C	3ᵉ
Huiles (Fabrique d') par procédés chimiques ou d'huiles pyrogénées..	C	3ᵉ
Hydromel (Fabricant d')............................	A	3ᵉ

I

Images (Fabricant d')...............................	A	6ᵉ
Imprimeur d'étoffes ou de fils.......................	C	4ᵃ
Imprimeur sur porcelaine, faïence, verre, cristal, émail, etc......................................	A	7ᵉ
Imprimeur typographe, lithographe, lithochrome, en taille-douce ou par procédés phototypiques..........	C	3ᵉ
Ingénieur civil, s'il prend des intérêts directs ou indirects dans les entreprises de construction ou s'il occupe des employés dans les industries visées par l'article 1ᵉʳ de la loi du 9 avril 1898...	D	u
Inhumations et exhumations (Adjudicataire ou fermier du service des) ou de l'entretien des tombes dans un cimetière....	C	5ᵉ
Inhumations et pompes funèbres (Entreprise des)........	B	u
Instruments aratoires (Fabricant d')..................	A	6ᵉ
Instruments de chirurgie en gomme élastique (Fabricant d')...	A	6ᵉ
Instruments de chirurgie en métal (Fabricant d') ayant atelier ou magasin................................	A	3ᵉ

PROFESSIONS.	TABLEAU.	CLASSE ou partie de tableau.
Instruments de chirurgie en métal (Fabricant d') pour son compte, sans magasin................................	A	6ᵉ
Instruments de mathématiques, d'optique, de physique et en général de sciences (Fabricant d') par procédés mécaniques............................	C	3ᵉ
Instruments de musique à vent, en bois ou en cuivre (Facteur d')............................	A	5ᵉ
Instruments de musique en cuivre (Facteur pour son compte de pièces d')......................	A	6°
Instruments de musique en cuivre (Facteur de pièces d') à façon................................	A	7ᵉ
Instruments pour les sciences (Facteur d') ayant boutique ou magasin................................	A	4ᵉ
Instruments pour les sciences (Facteur d') sans boutique ni magasin................................	A	6ᵉ
Instruments pour les sciences (Fabricant d') à façon......	A	8ᵉ
Ivoire (Fabricant d'objets en) pour son compte............	A	6ᵉ
Ivoire (Fabricant d'objets en) à façon..................	A	7ᵉ

J

Jais ou jaïet (Fabricant d'objets en)..................	A	6ᵉ
Joaillier (Marchand ou fabricant) ayant atelier ou magasin ...	A	2ᵉ
Joaillier (Fabricant) pour son compte..................	A	5ᵉ
Joaillier (Fabricant) à façon	A	7ᵉ
Jonc (Fendeur de)................................	A	7ᵉ
Jus de betteraves (Fabricant de)....................	C	3ᵉ

L

Lacets ou tresses en laine, coton ou soie (Fabrique de) par procédés mécaniques................................	C	4ᵉ
Laineur................................	A	4ᵉ

PROFESSIONS.	TABLEAU.	CLASSE ou partie de tableau.
Lamier-rotier...	C	3e
Laminerie (Entrepreneur de)............................	C	3e
Lamineur n'employant que des laminoirs mus à bras d'homme.	A	6e
Lamineur en fin.......................................	C	3e
Lampiste..	A	5e
Lanternier...	A	6e
Laveur de laines par procédés mécaniques ou chimiques.....	C	3e
Laveur de laines par procédés ordinaires................	A	5e
Laveur de vieilles étoffes pour les filatures de laine........	C	3e
Layetier...	A	6e
Layetier-emballeur....................................	A	5e
Layetier-emballeur expéditeur..........................	A	4e
Liens de paille, d'écorce, etc. (Fabricant de)............	A	7e
Limes (Fabrique de)..................................	C	3e
Limes (Tailleur de)..................................	A	8e
Lin ou chanvre (Fabricant de)........................	A	6e
Lin ou chanvre (Fabrique de) par procédés mécaniques ou chimiques..	C	3e
Linger (Fabricant), vendant en gros......................	A	2e
Linger (Fabricant), vendant en demi-gros.................	A	4e
Linger (Fabricant), vendant en détail....................	A	6e
Liqueurs (Fabricant de)..............................	A	3e
Liseur de dessins.....................................	A	6e
Lithophanies (Fabricant de)...........................	A	6e
Lits militaires (Entreprise générale des)................	C	3e
Livrets (Fabricant de) pour les batteurs d'or ou d'argent.....	A	8e
Loueur de bêtes de trait pour le halage ou pour le renfort aux voituriers sur les routes de terre................	A	7e
Loueur de voitures suspendues..........................	A	5e
Lunetier (Fabricant)..................................	A	6e
Lunettes (Fabricant de verres de).......................	A	7e
Lustres (Fabricant de)................................	A	4e
Lustreur de fourrures.................................	A	6e
Lutherie (Fabricant de pièces de).......................	A	5e
Luthier (Fabricant) pour son compte....................	A	3e
Luthier (Fabricant) à façon............................	A	7e

PROFESSIONS.	TABLEAU.	CLASSE ou partie de tableau
Luthier rhabilleur (Marchand)......................	A	5e
Luthier rhabilleur non marchand.....................	A	7e

M

Machines agricoles (Exploitant de)	C	3e
Machines à coudre, à piquer, à broder, à plisser, à écrire et autres machines analogues (Constructeur de)...........	C	4e
Machines à vapeur, metiers mécaniques pour la filature et pour le tissage, et autres grandes machines (Constructeur de).	C	4e
Maçon (Maître).......	A	6e
Maçon à façon.......	A	7e
Maçonnerie (Entrepreneur de).....................	A	4e
Madragues (Fermier de)......................	C	5e
Magasin général (Exploitant un), lorsqu'il fait l'escompte des warrants.......................	A	1re
Magasin général (Exploitant un), lorsqu'il ne fait pas l'escompte des warrants.......................	A	2e
Magasinier......................	A	5e
Maillechort et autres compositions métalliques (Fabricant d'objets en)......................	A	4e
Maillechort et autres compositions métalliques (Fabricant d'objets en) à façon	A	8e
Malt ou orge germée servant à la fabrication de la bière (Fabrique de)......................	C	2e
Manèges à chevaux de bois, à vélocipèdes, à gondoles, montagnes russes circulaires ou en longueur, chemins de fer, ballons, nacelles, balançoires, etc. (Exploitant un établissement forain de)......................	C	5e
Marbre factice (Fabricant d'objets en)...................	A	6e
Marbreur sur tranches......................	A	7e
Marbrier......................	A	6e
Marbrier à façon......................	A	7e
Maréchal-expert : celui qui, ayant un atelier de maréchalerie, soigne, sans être muni du diplôme de vétérinaire, les animaux malades......................	A	5e

PROFESSIONS.	TABLEAU.	CLASSE ou partie de tableau.
Maréchal ferrant..	A	6e
Margarine ou autres produits analogues (Fabrique de).......	C	1re
Maroquin (Fabrique de) avec machine à vapeur ou moteur hydraulique........................	C	3e
Maroquinier pour son compte..............................	A	5e
Maroquinier à façon.......................................	A	7e
Martinets (Maître de)......................................	C	3e
Masques (Fabricant de)....................................	A	6e
Matelassier...	A	8e
Mâts (Constructeur de)....................................	A	4e
Mécanicien avec machine à vapeur ou moteur hydraulique....	C	3e
Mécanicien..	A	4e
Mécanicien à façon..	A	7e
Mèches pour les mines et les artifices (Fabrique de)......	C	2e
Mégissier pour son compte.................................	A	5e
Mégissier à façon..	A	7e
Mélasse (Raffinerie de)....................................	C	3e
Menuisier-entrepreneur....................................	A	4e
Menuisier-mécanicien......................................	A	5e
Menuisier...	A	6e
Menuisier à façon...	A	7e
Mesures linéaires, règles et équerres (Fabricant de) pour son compte..	A	7e
Mesures linéaires, règles et équerres (Fabricant de) à façon..	A	8e
Métiers (Fabrique à).......................................	C	4e
Métreur de bâtiments, de bois, de pierres.............	A	7e
Metteur en œuvre pour son compte.......................	A	6e
Metteur en œuvre à façon.................................	A	7e
Meules à aiguiser (Fabricant de)..........................	A	5e
Meules de moulin (Fabricant de)...........................	A	4e
Minières non concessibles (Exploitant de) ou extracteur de minerai de fer..	C	5e
Miroitier...	A	5e
Modiste...	A	5e
Modiste à façon...	A	8e

PROFESSIONS.	TABLEAU.	CLASSE ou partie de tableau.
Moireur d'étoffes pour son compte......................	A	6e
Moireur d'étoffes à façon.............................	A	8e
Monteur d'agrès et de manœuvres de navires...........	A	5e
Monteur de boîtes de montres pour son compte..........	A	5e
Monteur de boîtes de montres à façon.................	A	7e
Monteur de métiers...................................	A	6e
Monteur en bronze....................................	A	7e
Monuments funèbres (Entrepreneur de).................	A	5e
Mottes à brûler (Fabricant de).......................	A	8e
Moules de boutons (Fabricant de).....................	A	8e
Moulin ou autre usine à moudre, battre, triturer, broyer, pulvériser, presser..................................	C	3e
Moulinier en soie....................................	C	4e
Moulures (Fabricant de) pour son compte...............	A	5e
Moulures (Fabricant de) à façon......................	A	7e
Moutarde (Fabricant de)..............................	C	2e
Muletier...	A	7e
Mulquinier...	A	6e

N

Nacre de perles (Fabricant d'objets en) pour son compte....	A	5e
Nacre de perles (Fabricant d'objets en) à façon...........	A	7e
Nattier..	A	8e
Naturaliste préparateur..............................	A	7e
Navetier (Fabricant) par procédés mécaniques..........	C	3e
Navetier (Fabricant) par procédés ordinaires..........	A	7e
Navires (Constructeur de)............................	C	4e
Nécessaires (Fabricant de) pour son compte............	A	6e
Nécessaires (Fabricant de) à façon...................	A	8e
Nerfs (Batteur de)....................................	A	8e
Nettoyage des devantures, nettoyage et frottage des sols et parquets (Entrepreneur du).....................	A	6e
Noir animal (Fabrique de)............................	C	2e

PROFESSIONS.	TABLEAU.	CLASSE ou partie de tableau.
O		
Objets en cuivre, plaqué, os, ivoire, ébène, etc., pour la sellerie ou la carrosserie (Fabricant pour son compte d')....	A	5ᵉ
Ocre (Fabricant d')...............................	C	3ᵉ
Œillets métalliques (Fabricant d').....................	A	8ᵉ
Oignons (Cuiseur ou grilleur d')......................	A	7ᵉ
Omnibus (Entreprise d')..............................	B	//
Opticien à façon...................................	A	8ᵉ
Orfèvre (Fabricant) pour son compte.................	A	5ᵉ
Orfèvre (Fabricant) à façon.........................	A	7ᵉ
Orfèvre (Marchand fabricant) avec atelier et magasin........	A	2ᵉ
Orgues d'église (Fabricant d').......................	A	3ᵉ
Orgues portatives ou harmoniums (Fabricant pour son compte d').................................	A	4ᵉ
Orgues portatives ou harmoniums (Fabricant d') à façon...	A	7ᵉ
Oribus (Faiseur d').................................	A	8ᵉ
Ornemaniste......................................	A	4ᵉ
Orthopédie (Tenant un établissement d')..............	C	3ᵉ
Os (Fabricant d'objets en) pour son compte.............	A	6ᵉ
Os (Fabricant d'objets en) à façon....................	A	8ᵉ
Ouate (Fabrique d') par procédés mécaniques.............	C	3ᵉ
Ouate (Fabricant d') par procédés non mécaniques..........	A	7ᵉ
Ourdisseur de fils.................................	A	8ᵉ
Outres (Fabricant d') pour son compte................	A	6ᵉ
Outres (Fabricant d') à façon.......................	A	7ᵉ
Ovaliste...	A	7ᵉ
P		
Paillassons (Fabricant de)...........................	A	8ᵉ
Paille (Fabricant d'enveloppes de bouteilles et autres objets en).	C	3ᵉ
Paille (Fabricant de tissus pour chapeaux de) pour son compte.	A	6ᵉ
Paille (Fabricant de tissus pour chapeaux de) à façon........	A	7ᵉ

PROFESSIONS.	TABLEAU.	CLASSE ou partie de tableau.
Paille (Fabricant de tresses, cordonnets, etc., en)...........	A	7ᵉ
Paille de fer (Fabrique de) par procédés mécaniques.........	C	3ᵉ
Paille ou mousse teinte (Fabricant de)....................	A	7ᵉ
Paillettes et paillons (Fabricant de) pour son compte.......	A	6ᵉ
Paillettes et paillons (Fabricant de) à façon.............	A	8ᵉ
Pain d'épice (Fabricant de), vendant en gros..............	A	4ᵉ
Pain d'épice (Fabricant de), vendant en détail et en boutique..	A	6ᵉ
Pains à cacheter et à chanter (Fabricant de).............	A	6ᵉ
Pantoufles (Fabricant de) pour son compte................	A	7ᵉ
Pantoufles ou sandales (Fabricant de) à façon............	A	8ᵉ
Papeterie à la cuve.....................................	C	3ᵉ
Papeterie à la mécanique...............................	C	3ᵉ
Papiers de fantaisie, papiers déchiquetés, papier végétal ou héliographique (Fabricant pour son compte de).......	A	6ᵉ
Papiers de fantaisie, papiers déchiquetés, papier végétal ou héliographique (Fabricant de) à façon..............	A	7ᵉ
Papiers ou taffetas pour usages médicinaux (Fabrique de)..	C	1ʳᵉ
Papiers peints pour tenture (Fabrique de)..............	C	3ᵉ
Papiers verrés ou émerisés (Fabricant de)..............	A	8ᵉ
Parapluies (Fabricant de), vendant en gros.............	A	3ᵉ
Parapluies (Fabricant de), vendant en demi-gros.........	A	5ᵉ
Parapluies (Fabricant de), vendant en détail...........	A	6ᵉ
Parcheminier pour son compte...........................	A	6ᵉ
Parcheminier à façon...................................	A	8ᵉ
Parfumerie (Fabricant d'articles de)..................	C	3ᵉ
Parqueteur (Menuisier).................................	A	6ᵉ
Parquets (Fabricant de) par procédés mécaniques........	C	3ᵉ
Passementier (Fabricant) pour son compte...............	A	7ᵉ
Passementier (Fabricant) à façon.......................	A	8ᵉ
Pastilleur...	A	7ᵉ
Patachier..	A	7ᵉ
Pâte à papier (Fabricant de)..........................	C	3ᵉ
Pâte à porcelaine (Fabricant de)......................	C	3ᵉ
Pâte de rose (Fabricant de bijoux en).................	A	8ᵉ

PROFESSIONS.	TABLEAU.	CLASSE ou partie de tableau.
Pâtes alimentaires (Fabrique de)......................	C	2ᵉ
Pâtissier vendant en gros............................	A	3ᵉ
Pâtissier vendant en détail..........................	A	4ᵉ
Patouillet ou lavoir de minerai (Exploitant de)..........	C	3ᵉ
Paveur..	A	6ᵉ
Peignerie ou carderie de bourre de soie par procédés mécaniques..	C	4ᵉ
Peignerie ou carderie de coton par procédés mécaniques....	C	4ᵉ
Peignerie ou carderie de laine par procédés mécaniques. ...	C	4ᵉ
Peignes (Fabricant de) par procédés mécaniques..........	C	3ᵉ
Peignes à sérancer (Fabricant de) pour son compte.........	A	6ᵉ
Peignes à sérancer (Fabricant de) à façon...............	A	8ᵉ
Peignes d'écaille, d'ivoire, de corne, de buis, etc. (Fabricant de) pour son compte.............................	A	6ᵉ
Peignes d'écaille, d'ivoire, de corne, de buis, etc. (Fabricant de) à façon...................................	A	8ᵉ
Peignes en cannes ou roseaux pour le tissage (Fabricant de)...	A	8ᵉ
Peigneur de chanvre, de lin ou de laine...............	A	7ᵉ
Peigneur ou gratteur de toiles de coton..............	A	7ᵉ
Peintre en armoiries, attributs et décors.............	A	7ᵉ
Peintre en bâtiments non entrepreneur.................	A	6ᵉ
Peintre ou doreur, soit sur verre ou cristal, soit sur porcelaine, etc., pour son compte......................	A	7ᵉ
Peintre ou doreur, soit sur verre ou cristal, soit sur porcelaine, etc., à façon.............................	A	8ᵉ
Peintre-vernisseur en voitures ou équipages...........	A	5ᵉ
Peinture en bâtiments (Entrepreneur de)...............	A	4ᵉ
Peinture sur verre (Exploitant un établissement de)........	C	3ᵉ
Pelles de bois (Fabricant de).........................	A	8ᵉ
Perceur de perles.................................	A	8ᵉ
Perceur de pierres fines et diamants par procédés mécaniques..	C	3ᵉ
Perles fausses (Fabricant de) pour son compte............	A	6ᵉ
Perles fausses (Fabricant de) à façon..................	A	8ᵉ

PROFESSIONS.	TABLEAU.	CLASSE ou partie de tableau.
Perruquier.	A	7°
Peseur, mesureur ou jaugeur.	A	7°
Pétrole (Raffinerie de).	C	3°
Phosphates naturels (Exploitant une usine à laver, dessécher ou bluter les)	C	3°
Phosphates naturels (Extracteur de).	C	5°
Photographe.	A	5°
Photographie (Fabricant d'appareils, ustensiles et fournitures pour la), ayant boutique ou magasin.	A	4°
Pianos et clavecins (Facteur en boutique ou magasin de). . . .	A	3°
Pianos et clavecins (Fabricant de) n'ayant ni boutique ni magasin.	A	5°
Pierre artificielle ou factice (Fabricant d'objets en).	A	4°
Pierres à brunir (Fabricant de).	A	6°
Pierres à feu (Fabrique de).	C	2°
Pierres fausses (Fabricant de).	A	6°
Pierres fausses (Tailleur de) pour son compte.	C	2°
Pierres fines (Tailleur de) pour son compte.	C	2°
Pierres fines ou fausses (Tailleur de) à façon.	C	2°
Pierres fines ou fausses (Tailleur de) à façon, lorsqu'il n'a pas un atelier ou un corps de fabrique dans lequel il occupe plus de dix ouvriers d'une manière permanente.	A	6°
Pinceaux (Fabricant de) pour son compte.	A	6°
Pinceaux (Fabricant de) à façon.	A	8°
Pipes de terre (Fabrique de).	C	2°
Piquettes ou vins de marcs de raisins (Fabricant de).	A	3°
Piqueur de cartons.	A	6°
Piqueur de cartes à dentelles.	A	8°
Piqueur de grès.	A	8°
Plafonneur ou plâtrier (Entrepreneur).	A	4°
Plafonneur ou plâtrier.	A	6°
Plafonneur ou plâtrier à façon	A	7°
Planches ou ifs à bouteilles (Fabricant de).	A	7°
Planeur en métaux.	A	7°
Plaqué ou doublé d'or et d'argent (Fabricant d'objets en). . .	A	3°

PROFESSIONS.	TABLEAU.	CLASSE ou partie de tableau.
Plaqueur pour son compte.	A	5ᵉ
Plaqueur à façon.	A	7ᵉ
Platine (Marchand fabricant d'objets en) ayant atelier et magasin.	A	2ᵉ
Plâtre (Fabrique de) au moyen de fours à feu continu.	C	2ᵉ
Plâtre (Fabrique de) par procédés ordinaires.	C	2ᵉ
Plieur d'étoffes.	A	4ᵉ
Plieur de fils de soie ou de dentelles.	A	8ᵉ
Plomb et fonte de chasse (Fabricant de).	A	6ᵉ
Plombier.	A	5ᵉ
Plumassier (Fabricant) ayant boutique ou magasin, vendant en gros.	A	2ᵉ
Plumassier (Fabricant) ayant boutique ou magasin, vendant en demi-gros.	A	4ᵉ
Plumassier (Fabricant) ayant boutique ou magasin, vendant en détail.	A	5ᵉ
Plumassier (Fabricant) sans boutique ni magasin.	A	7ᵉ
Plumassier à façon.	A	8ᵉ
Plumeaux (Fabricant pour son compte de).	A	7ᵉ
Plumeaux (Fabricant de) à façon.	A	8ᵉ
Plumes à écrire (Apprêteur de).	A	8ᵉ
Plumes métalliques (Fabricant de).	C	3ᵉ
Poêlier en faïence, fonte, etc.	A	6ᵉ
Pointes (Fabrique de) par procédés ordinaires.	C	2ᵉ
Poires à poudre (Fabricant de) pour son compte.	A	7ᵉ
Poires à poudre (Fabricant de) à façon.	A	8ᵉ
Pois d'iris (Fabricant de).	A	8ᵉ
Polisseur d'objets en or, argent, cuivre, acier, écaille, os, corne, etc.	A	6ᵉ
Polisseur, tourneur, émouleur ou planeur par procédés mécaniques.	C	3ᵉ
Polytypage (Fabricant de).	A	4ᵉ
Pompes à incendie (Fabricant de).	A	4ᵉ
Pompes de bois et pièces pour la conduite des eaux (Fabricant de).	A	7ᵉ
Pompes de métal (Fabricant de).	A	5ᵉ

PROFESSIONS.	TABLEAU.	CLASSE ou partie de tableau.
Ponceur de feutres par procédés mécaniques.	C	3ᵉ
Ponton-débarcadère (Exploitant de).	A	6ᵉ
Porcelaine (Fabrique de).	C	3ᵉ
Portefeuilles ou autres objets de menue maroquinerie (Fabricant de) pour son compte.	A	6ᵉ
Portefeuilles ou autres objets de menue maroquinerie (Fabricant de) à façon.	A	8ᵉ
Porteur d'eau filtrée ou non filtrée avec cheval et voiture . .	A	8ᵉ
Potier d'étain.	A	6ᵉ
Poudre d'or, de bronze et autres métaux (Fabricant de). . .	A	6ᵉ
Poulieur (Fabricant).	A	6ᵉ
Presseur d'étoffes pour les teinturiers et les dégraisseurs. . .	A	7ᵉ
Presseur de poisson de mer.	A	4ᵉ
Procédés pour queues de billard (Fabricant de).	A	6ᵉ
Produits chimiques (Fabrique de).	C	3ᵉ
Puits (Maître cureur de).	A	8ᵉ

Q

Queues de billard (Fabricant de) pour son compte.	A	6ᵉ
Queues de billard (Fabricant de) à façon.	A	7ᵉ
Quincaillerie (Fabrique de).	C	3ᵉ

R

Ramonage (Entrepreneur de).	A	6ᵉ
Rampiste (Menuisier)	A	6ᵉ
Raquettes ou volants (Fabricant de) pour son compte.	A	7ᵉ
Raquettes ou volants (Fabricant de) à façon.	A	8ᵉ
Raseur de velours.	A	7ᵉ
Registres (Fabricant de) pour son compte.	A	4ᵉ

PROFESSIONS.	TABLEAU.	CLASSE ou partie do tableau.
Registres (Fabricant de) à façon.........................	A	7°
Régleur de papier...................................	A	8°
Réglisse (Fabrique de)............................'.	C	2°
Relais (Entrepreneur de).............................	A	5°
Relieur de livres....................................	A	7°
Rémisses (Fabricant de) par procédés ordinaires, pour son compte...	A	7°
Rémisses (Fabricant de) par procédés ordinaires, à façon.....	A	8°
Rémouleur ou repasseur de couteaux..................	A	8°
Rentrayeur ou conservateur de tapis, de couvertures de laine et de coton.................................	A	7°
Repasseuse de linge................................	A	7°
Reperceur...	A	8°
Repriseuse de châles................................	A	8°
Ressorts de bandages pour les hernies (Fabricant de) pour son compte..	A	6°
Ressorts de bandages pour les hernies (Fabricant de) à façon..	A	7°
Ressorts de montres et de pendules (Fabricant de) pour son compte..	A	6°
Ressorts de montres et de pendules (Fabricant de) à façon.	A	7°
Ressorts pour meubles (Fabricant de) pour son compte.....	A	6°
Ressorts pour meubles (Fabricant de) à façon............	A	7°
Rôtisseur...	A	5°
Roulage (Entrepreneur de)............................	B	//
Rouleaux (Tourneur de) pour la filature.................	A	8°
Routoir ou fosse à rouir le lin ou le chanvre (Exploitant de). .	A	7°
Ruches pour les abeilles (Fabricant de) pour son compte...	A	7°
Ruches pour les abeilles (Fabricant de) à façon..........	A	8°

S

PROFESSIONS.	TABLEAU.	CLASSE ou partie do tableau.
Sabotier (Fabricant).................................	A	8°
Sabots, bois de galoches ou bois de socques (Fabricant de) par procédés mécaniques............................	C	3°

PROFESSIONS.	TABLEAU.	CLASSE ou partie de tableau.
Sabots ou galoches garnis (Fabricant de)...............	A	6e
Sacs de toile (Fabricant de).........................	A	6e
Saleur d'olives......................................	A	5e
Saleur ou fumeur de viandes pour son compte..........	A	3e
Saleur ou fumeur de viandes à façon..................	A	7e
Salpêtrier...	A	6e
Sarraux ou blouses (Fabricant de), vendant en gros........	A	3e
Sarraux ou blouses (Fabricant de), vendant en détail.......	A	6e
Satineur ou lisseur de papier........................	A	8e
Savon (Fabrique de).................................	C	2e
Scierie mécanique (Exploitant de).........................	C	3e
Scies (Fabrique de).................................	C	3e
Scieur de long......................................	A	7e
Sculpteur en bois pour son compte....................	A	6e
Sculpteur en bois à façon............................	A	7e
Sculptures (Fabrique de) par procédés mécaniques..........	C	3e
Seaux à incendie (Fabricant de)......................	A	5e
Seaux ou baquets en sapin (Fabricant de) pour son compte.	A	7e
Seaux ou baquets en sapin (Fabricant de) à façon........	A	8e
Sécheur de garance..................................	A	6e
Sécheur de grains, de graines, de cafés, etc...........	A	6e
Sécheur de houblon..................................	A	6e
Sécheur de morue...................................	A	4e
Sécheur de morue sans établissement de sécherie...........	A	7e
Séchoir à linge (Exploitant un).......................	A	7e
Sel (Raffinerie de)...................................	C	2e
Sellier-carrossier....................................	A	3e
Sellier-harnacheur...................................	A	5e
Sellier à façon......................................	A	7e
Semelles mobiles de paille, de liège, de feutre, etc., fourrées ou non fourrées, pour l'intérieur des chaussures (Fabricant de), pour son compte..................................	A	7e
Semelles mobiles de paille, de liège, de feutre, etc., fourrées ou non fourrées, pour l'intérieur des chaussures (Fabricant de); à façon..	A	8e

PROFESSIONS.	TABLEAU.	CLASSE ou partie de tableau.
Serrurier-entrepreneur	A	4ᵉ
Serrurier en voitures suspendues	A	4ᵉ
Serrurier-mécanicien	A	4ᵉ
Serrurier non entrepreneur	A	5ᵉ
Serrurier à façon	A	7ᵉ
Sertisseur ou monteur à façon	A	7ᵉ
Signaux télégraphiques à l'entrée des ports (Entrepreneur de)	B	//
Sirop de fécules de pommes de terre (Fabrique de)	C	3ᵉ
Sirops (Fabricant de) par procédés ordinaires, vendant en détail	A	6ᵉ
Socques en bois (Fabricant de)	A	7ᵉ
Soies de porc ou de sanglier (Apprêteur de)	A	5ᵉ
Sommiers élastiques (Fabricant de) pour son compte, sans magasin	A	6ᵉ
Sondes (Fabricant de grandes)	A	4ᵉ
Soufflerie de poils pour la chapellerie et autres industries par procédés mécaniques	C	3ᵉ
Soufflets (Fabricant de gros) pour les forgerons, bouchers, etc.	A	5ᵉ
Soufflets ordinaires (Fabricant de)	A	7ᵉ
Sparterie (Fabricant d'objets en)	A	6ᵉ
Sparterie pour modes (Fabricant de)	A	5ᵉ
Spécialités ou préparations pharmaceutiques (Fabrique de)	C	1ʳᵉ
Spécialités ou préparations pharmaceutiques (Fabricant de), vendant en gros	A	1ʳᵉ
Spécialités ou préparations pharmaceutiques (Fabricant de), vendant en demi-gros	A	2ᵉ
Spécialités ou préparations pharmaceutiques (Fabricant de), vendant en détail	A	3ᵉ
Sphères (Fabricant de)	A	6ᵉ
Stores (Fabricant de)	A	6ᵉ
Stucateur	A	6ᵉ
Sucre (Raffinerie de)	C	2ᵉ
Sucre de betteraves (Fabrique de)	C	3ᵉ
Suif (Fondeur de)	C	2ᵉ

PROFESSIONS.	TABLEAU.	CLASSE ou partie de tableau.
T		
Tabac ou cigares, dans le département de la Corse (Fabricant de), vendant en gros.	A	1re
Tabac ou cigares, dans le département de la Corse (Fabricant de), vendant en demi-gros.	A	3e
Tabac ou cigares, dans le département de la Corse (Fabricant de), vendant en détail.	A	6e
Tableaux (Restaurateur de).	A	7e
Tabletterie (Fabricant d'objets en) pour son compte	A	6e
Tabletterie (Fabricant d'objets en) à façon.	A	7e
Taillandier.	A	5e
Tailleur de pierres.	A	7e
Tailleur ou couturier sur mesure pour les particuliers, ayant assortiment d'étoffes.	A	3e
Tailleur ou couturier sur mesure pour les particuliers, sans assortiment d'étoffes et fournissant sur simples échantillons...	A	5e
Tailleur ou couturier à façon.	A	7e
Talons, contreforts, semelles pour chaussures, en cuir ou débris de cuir (Fabricant de), par procédés mécaniques....	C	3e
Talons, contreforts, semelles pour chaussures, en cuir ou débris de cuir (Fabricant de), par procédés ordinaires, pour son compte.	A	7e
Talons, contreforts, semelles pour chaussures, en cuir ou débris de cuir (Fabricant de), par procédés ordinaires, à façon.	A	8e
Talons en bois pour chaussures (Fabricant de) par procédés mécaniques.	C	3e
Tambours, grosses caisses, tambourins (Fabricant de)....	A	6e
Tamisier (Fabricant).	A	6e
Tan carbonisé (Fabrique de).	C	2e
Tanneur de cuirs forts ou mous.	C	3o
Tapisseries à la main (Fabricant de).	A	7e
Tapissier (Marchand).	A	4e
Tapissier à façon.	A	6e
Tartrier.	A	6e

PROFESSIONS.	TABLEAU.	CLASSE ou partie de tableau.
Teinturerie (Loueur d'établissement de)	A	7e
Teinturier pour les fabricants et les marchands	C	3e
Teinturier-dégraisseur pour les particuliers, travaillant avec machine à vapeur	A	4e
Teinturier-dégraisseur pour les particuliers, n'employant pas de machine à vapeur	A	6e
Télégraphie privée (Entreprise de)	C	3e
Terrassier (Maître)	A	6e
Têtes en carton servant aux marchandes de modes (Fabricant de)	A	8e
Tiges, empeignes ou brides de chaussures (Fabricant de) ayant magasin de vente	A	4e
Tiges, empeignes ou brides de chaussures (Fabricant de) travaillant sur commande	A	6e
Tiges, empeignes ou brides de chaussures (Fabricant de) à façon	A	8e
Tireur de cuivre doré ou argenté par procédés mécaniques, pour son compte	C	3e
Tireur de cuivre doré ou argenté par procédés mécaniques, à façon	C	3e
Tireur d'or, d'argent ou de platine par procédés mécaniques.	C	3e
Tireur d'or, d'argent, de platine ou de cuivre doré ou argenté par procédés non mécaniques	A	6e
Tireur de soie	A	8e
Toiles ou tapis cirés ou vernis (Fabricant de)	C	2e
Toiles grasses pour emballage (Fabricant de)	A	7e
Toiles métalliques (Fabricant de) pour son compte	A	5e
Toiles métalliques (Fabricant de) à façon	A	7e
Tôle vernie (Fabricant d'ouvrages en)	A	4e
Tôlier pour son compte	A	6e
Tôlier à façon	A	8e
Tondeur, calandreur, raseur ou grilleur d'étoffes par procédés mécaniques	C	3e
Tondeur de tapis par procédés mécaniques	C	3e
Tondeur ou presseur de draps et autres étoffes de laine	A	7e
Tonneaux, barriques, etc. (Fabricant de) pour expéditions maritimes ou commerciales	A	4e

PROFESSIONS.	TABLEAU.	CLASSE ou partie de tableau.
Tonnelier (Maître).................................	A	6e
Tonnelier à façon..................................	A	7e
Torcher...	A	7e
Tourbes carbonisées (Fabrique de).................	C	2e
Tourbières (Exploitant de)........................	C	5e
Tourneur en bois au moyen de tours ordinaires actionnés par un moteur mécanique.................	C	3e
Tourneur en bois ou en corne (Fabricant) en boutique.....	A	7e
Tourneur en bois ou en corne (Fabricant) sans boutique...	A	8e
Tourneur en marbre ou en pierre...................	A	6e
Tourneur sur métaux...............................	A	6e
Tours et autres ouvrages pour la coiffure, en cheveux, soie, etc. (Fabricant de)......................	A	6e
Traçons (Maître de)...............................	A	5e
Transport des détenus (Entreprise du).............	C	3e
Travaux publics ou fourniture de matériaux pour travaux publics (Entrepreneur de)...............	C	5e
Tréfilerie en fer ou en laiton (Exploitant de)....	C	3e
Tréfileur par les procédés ordinaires.............	A	6e
Treillageur.......................................	A	7e
Tricots à l'aiguille (Fabricant de)...............	A	5e
Trieur de laines par procédés mécaniques..........	C	3e
Trieur de laines par procédés ordinaires..........	C	3e
Trieur ou nettoyeur de déchets de coton par procédés mécaniques..................................	C	3e
Tripier, cuiseur ou échaudeur d'abats, abatis et issues......	A	7e
Tubes en métal de petite dimension pour la bijouterie, l'optique, etc. (Fabricant de), par procédés mécaniques.......	C	3e
Tubes en papier, en zinc, etc. pour filatures (Fabricant de), par procédés ordinaires.................	A	7e
Tubes en papier pour filatures (Fabrique de), par procédés mécaniques.............................	C	4e
Tuyaux de plomb (Fabrique de) par procédés mécaniques....	C	3e
Tuyaux en fil de chanvre, en ciment, etc., pour les pompes à incendie et les arrosements (Fabricant de)......	A	4e
Tuyaux en laiton pour la tuyauterie des machines à vapeur ou emplois analogues (Fabricant de), par procédés mécaniques..	C	3e

PROFESSIONS.	TABLEAU.	CLASSE ou partie de tableau.
U		
Usine à lisser le cuir (Loueur d').	C	3°
Ustensiles en fer battu (Fabrique d') par procédés mécaniques.	C	3°
V		
Vaisselle ou ustensiles de bois (Fabricant de).	A	7°
Vannier, fabricant de vannerie commune.	A	8°
Vannier, fabricant de vannerie fine.	A	6°
Veilleuses (Fabricant de).	A	8°
Vélocipèdes (Constructeur de).	C	4°
Ventes à l'encan (Directeur d'un établissement de).	A	1re
Vérificateur de bâtiments.	A	6°
Vernisseur ou laqueur sur bois, cuir, feutre, carton ou métaux pour son compte.	A	6°
Vernisseur ou laqueur sur bois, cuir, feutre, carton ou métaux à façon	A	7°
Verrerie ou gobeleterie (Exploitant de).	C	3°
Verres de montres ou de lunettes (Fabrique de) par procédés mécaniques.	C	3°
Vêtements confectionnés (Fabricant de), vendant en gros. . .	A	2°
Vêtements confectionnés (Fabricant de), vendant en demi-gros, lorsqu'il n'occupe pas habituellement plus de dix personnes employées aux écritures, aux caisses, à la surveillance, aux achats et aux ventes intérieures ou extérieures.	A	3°
Vêtements confectionnés (Fabricant de), vendant aux particuliers, lorsqu'il n'occupe pas habituellement plus de dix personnes employées aux écritures, aux caisses, à la surveillance, aux achats et aux ventes intérieures ou extérieures.	A	5°
Viandes (Découpeur ou dépeceur de).	A	8°
Vidange (Entrepreneur de).	A	5°
Vignes phylloxérées (Entrepreneur du traitement des).	A	6°

PROFESSIONS.	TABLEAU.	CLASSE ou partie do tableau.
Vignettes et caractères à jour (Fabricant de) pour son compte.	A	6ᵉ
Vignettes et caractères à jour (Fabricant de) à façon......	A	8ᵉ
Vinaigre (Fabrique de)............................	C	2ᵉ
Vins (Éprouveur de)...............................	A	6ᵉ
Vis, écrous, boulons ou autres pièces analogues (Fabrique de) par procédés mécaniques...........................	C	3ᵉ
Vis ou tire-bouchons (Fabricant de) par procédés ordinaires, pour son compte.............................	A	6ᵉ
Vis ou tire-bouchons (Fabricant de) par procédés ordinaires, à façon..	A	8ᵉ
Vitraux (Faiseur ou ajusteur de) pour son compte...........	A	6ᵉ
Vitraux (Faiseur ou ajusteur de) à façon..................	A	7ᵉ
Vitrier..	A	6ᵉ
Voilier emballeur.................................	A	5ᵉ
Voilier pour son compte............................	A	4ᵉ
Voilier à façon....................................	A	6ᵉ
Voitures à bras pour enfants ou pour malades (Fabricant de).	A	5ᵉ
Voiturier ou roulier ayant plus de cinq équipages..........	A	3ᵉ
Voiturier ou roulier ayant de deux à cinq équipages.......	A	5ᵉ
Voiturier ou roulier n'ayant qu'un équipage...............	A	8ᵉ

W

Wagons ou voitures destinés au transport des voyageurs ou des marchandises sur les lignes de chemins de fer (Exploitant de)......................................	B	//

Y

Yeux artificiels (Fabricant d')........................	A	6ᵉ

Z

Zinc doré, bronzé ou galvanisé (Fabricant d'objets en).....	A	5ᵉ

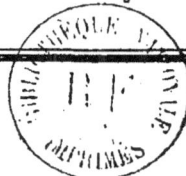